서빈 ^.^*

위기를 기회로! 두려움을 용기로!

『설민석의 한국사 대모험』 출간 소식, 이벤트, 강연회 안내 등 가장 빠른 정보를 원하신다면,
카카오스토리, 인스타그램에서 〈설민석의 한국사 대모험〉을 검색하세요.

글 스토리박스

어린이 학습 만화 콘텐츠를 개발하는 전문 작가 팀이에요. 오랫동안 학습 만화의 스토리를 쓰고 책 만드는 일을 해 왔답니다. 정확한 학습 정보와 다양한 지식 전달을 통해, 스토리박스는 어린이 여러분과 함께 성장해 나갈 거예요. 그동안 만든 작품으로는 《빈대 가족》 시리즈, 《위기 탈출 넘버원》 시리즈, 《브리태니커 만화 백과》 시리즈, 《다빈치 융합 학습 만화》 시리즈 등이 있습니다.

그림 정현희

어린이들이 재미있게 책을 읽었으면 하는 바람으로 10년째 학습 만화를 그리고 있습니다. 때론 진지하고, 때론 익살스러운 만화 속 캐릭터들을 통해 어린이 여러분과 함께 공부하고, 함께 마음을 나누고 있습니다. 그동안 그림을 그린 책으로는 《자신만만 한국사왕》《WHO 시리즈》《아 다르고 어 다른 우리말》《스마트 걸》 등이 있습니다.

설민석의 한국사 대모험 8

ⓒ설민석 2018

1판 1쇄 발행 2018년 10월 24일
1판 2쇄 발행 2018년 11월 2일

글 설민석·스토리박스 **그림** 정현희 **감수** 태건 역사 연구소
펴낸이 황상욱

기획 황상욱 윤해승 **편집** 윤해승 이은현
디자인 최정윤 **마케팅** 최향모 이지민
제작처 더블비

펴낸곳 (주)휴먼큐브
출판등록 2015년 7월 24일 제406-2015-000096호
주소 10881 경기도 파주시 회동길 455-3 3층
문의전화 031-8071-8685(편집) 031-8071-8670(마케팅) 031-8071-8672(팩스)
전자우편 forviya@munhak.com

ISBN 979-11-88874-21-7 74910
ISBN 979-11-957947-8-2 74910(세트)

어린이제품 안전특별법에 의한 기타표시사항
제품명 도서 ｜ **제조자명** ㈜휴먼큐브 ｜ **제조국명** 한국 ｜ **전화번호** (031)8071-8684
주소 10881 경기도 파주시 회동길 455-3 3층 ｜ **제조년월** 2018년 10월 24일 ｜ **사용연령** 7세 이상

설민석의 한국사 대모험 ⑧

위기 극복 편
온달, 두 마리 토끼를 잡아라!

글 설민석·스토리박스
그림 정현희
감수 태건 역사 연구소

아이휴먼

설민석의 한국사 대모험을 시작하며…

안녕하세요?

지난 20여 년간 학생들에게 한국사 강의를 해온 설민석입니다.
한국사에 대한 국민 여러분의 관심이 어느 때보다 뜨거운 요즘입니다.
더불어 저에게도 많은 분들께서 과분한 사랑과 관심을 보내주셔서 더할
나위 없이 행복한 시간을 보내고 있습니다.

하지만 한편으로는 여전히 아쉬운 마음이 남아 있습니다. 지금까지 여
러 권의 한국사 책을 펴냈고 강의를 하고 있지만, 정작 대한민국의 미래
를 이끌어갈 주인으로서 한국사를 처음 접하는 어린이들을 위한 책은
아직 만들지 못했기 때문이죠. 그래서 이제 오랜 기간 준비해온 '한국사
대모험'을 어린이 여러분과 함께 제대로 떠나보려고 합니다.

역사, 어렵고 지루하게만 느껴지시나요? 아주 오래 전에 살았던
인물들, 벌어졌던 사건들, 일부러 찾지 않으면 볼 일이 없
는 문화유산들은 나와는 아무 상관없는 과거의 이야기
일 뿐일까요? 저는 그렇게 생각하지 않습니다. 우리 선
조들은 역사 속에서 우리에게 도움이 되는 많은 메시지
를 전하고 있습니다.

우리가 생활하면서 필요한 지혜와 교훈은 선조들이 걸어온 길을 되짚어보면서 발견할 수 있어요. 그게 바로 역사를 공부하는 즐거움이고요. 그리고 바로 그 순간 역사는 단순히 지나간 과거의 일이 아니라 현재를 사는 나에게 지침이 되는 소중한 선물이 되는 것입니다.

그런 선물 같은 순간을 드리기 위해 『설민석의 한국사 대모험』을 펴내게 되었습니다. 이 책은 어쩌면 어린이들이 처음 접하는 한국사 책일 것입니다. 한국사에 대한 첫인상이 이 책으로 결정될 수도 있는 것이지요. 그렇기 때문에 최대한 쉽고, 재미있고, 유익하게 만들었습니다. 이 책으로 인해 한국사가 이렇게 재미있다는 것을 느끼기만 해도, 우리가 함께하는 한국사 대모험은 성공입니다.

어린이 독자 여러분, 그리고 학부모님들!
이제 저와 함께하는 한국사 시간여행에 편하게 몸을 맡겨보세요.
우리들의 친구 평강, 온달 그리고 귀여운 강아지 로빈까지!
같이 타임머신을 타고 과거로 날아가, 찬란한 역사 속에
선조들이 남긴 지혜의 발자취를 따라가봅시다.

설민석 드림

설쌤과 한국사 대모험 제대로 즐기기

1. '시간의 문'을 열고 한국사 대모험 속으로 빠져들어요!

온달을 역사 천재로 만들기 위해 시간의 문을 열고
한국사 여행을 하는 설쌤 일행!
시간여행을 통해 한국사의 주요 장면을 직접 겪는 듯
생생하게 즐길 수 있습니다!

2. 설쌤의 역사톡톡으로 한국사 지식이 늘어나요!

'설쌤의 역사톡톡'을 놓치지 마세요. 만화 중간에
꼭 알아야 할 한국사 지식을 모두 담았습니다.
아이가 어려워하면 부모님이 함께 읽고 이야기해주세요.

3. 설쌤의 주문을 같이 따라 해보아요!

시간의 문을 열기 위한 설쌤의 주문!
그 주문에는 역사 속 인물들의 특징이 잘 드러나 있지요.
다 함께 설쌤의 주문을 외쳐보아요!

4. 다양한 추가 학습으로 한국사의 깊이를 느껴보세요!

만화에 없는 더 깊은 지식, 역사의 숨결을 느낄 수 있는 현장학습 정보,
시대를 한눈에 볼 수 있는 연표까지! 책 한 권으로 다양한 한국사 학습 활동을 체험할 수 있습니다.

5. 한국사 20문제를 풀며 실력을 확인해보세요!

학습 내용을 확인하는 기본 문제는 물론
한국사능력검정시험 초급에 해당하는
문제를 통해 응용 능력과 해결 능력을 키우고
시험에 도전해보세요!

등장인물

설쌤

고구려에서 대한민국으로 온 대학자.
한국사에 대한 애정만큼은 누구보다 뜨거운 설쌤!
용의 송곳니를 갈아 만든 분필로 시간여행을 하는
능력자! 설쌤과 함께하는 시간여행, 기대되지 않나요?

평강

고구려의 공주입니다.
아는 것이 많고 한국사에 관심도 많지만
급한 성격이 항상 문제입니다. 평강은 떳떳하게
아바마마를 만날 수 있을까요?

온달

귀여운 외모에 비해 지식은 부족한 아이입니다.
식탐 많고 잠 많고 한국사엔 관심도 없지만,
가슴이 따뜻하고 밝고 명랑하죠. 설쌤, 평강과 함께
시간여행을 하며 온달은 어떻게 달라질까요?

설쌤과 함께 지내며 역사 여행에서
중요한 순간 설쌤 일행을 구했던 로빈.
역사 속 라이벌들과 만나며
펼치는 로빈의 활약을 지켜보아요!

로빈

황 대감

고구려의 대학자이자 설쌤의 라이벌. 자신의 제자
공갈을 평강의 신랑으로 만들고 싶어 합니다. 의심이
많고 신중하지만 그런 성격이 오히려 설쌤과 평강,
온달에게는 행운입니다.

온달, 함정에 빠지다

온달이 팬클럽 회장 연아 양!

황 대감이 시험해보시오!

불만스러운 점이 없지 않지만, 공주가 온달을 그리 좋아한다면 부마로 선택할 수밖에 없소.

그러나 왕가의 결혼은 무거운 법. 한 번 짝이 되면 돌이킬 수 없으니…

온달과 평강의 마음이 진정 굳건한지 황 대감이 한번 시험해보시오.

알겠사옵니다, 폐하!

신이 확실히 시험하겠습니다, 크ㅎㅎㅎ!

후훗, 저 아이를 이용하면 되겠구먼.

온달이는 제가 별로인가 보더라고요…

평강이라고, 자기가 공주라고 생각하는 살짝 머리가 이상한 애를 좋아하는 게…

머리가 이상하다니, 머리가 이상하다니! 감히 공주님께 무엄하게!

네?

아차…!!

아, 아니, 아니… 네가 그렇게 생각하는 게 이상하다, 그 말이란다…

그리고 온달이는 평강이랑 그리 친한 사이가 아니란다.

진짜요?

진짜지! 못 믿겠으면 치킨이랑 평강이 중에 어떤 게 더 좋은지 물어보렴.

에이, 그게 뭐예요~

쿠폰 10장 모은 건데, 이거 가져가면 치킨 한 마리 준단다. 온달이랑 같이 먹으렴.

아, 아니에요…

온달이랑 같이 먹으라고 주는 거니까 그냥 받아도 돼.

네… 그럼 지금 온달이 불러서 같이 먹을게요.

그래, 그렇게 하려무나.

진짜요?

진짜고말고요! 온달이가 여자친구와 사이좋게 노는 모습을 이 두 눈으로 똑똑히 봤습니다.

역사 공부만 죽어라 해도 시간이 모자랄 판에 나 말고 다른 여자를 만나?

절대 용서 못해!

쾅

가만 안 돼!

워워~ 그냥 친구 사이일 뿐인데 괜히 가서 문제를 일으키면 공주님의 체면만 상할 겁니다. 좀 더 지켜보시지요.

으아아!

후아, 후아…

그래, 이럴 때일수록 침착해야지…

그렇게 좋아?

그러엄~!

음… 그럼…

응?

평강이가 좋아, 얘가 좋아?

평강이가 좋아, 내가 좋아?

뭐야, 뭐야? "평강이가 좋아, 내가 좋아?" 라고?

흐흐흐…

으아!!! 저 여우 같은 게…!!!

설마, 설마, 설마… 설마…

꾸울꺽

어? 평강아?
웬일…

끼야야아오!

이 땅꼬마! 똥강아지!
지렁이! 개구리! 모기 같은
나쁜 놈! 감히 공주를 두고
딴 여자가 더 좋다고 말해?

엄마야!!

어디 변명이라도
한번 해봐!

탈 탈

변명 한마디 못하는 걸 보니
내가 본 게 사실이렷다!

아무 말 못하는 건
온달이가 정신을
잃어서인데…

치킨… 보다… 네가…

뭐? 치킨?
이 상황에서도
먹을 걸
선택하다니…

어흐흑…

오… 너 온달이 친구지?
마침 잘 만났다!

아저씨는
누구세요?

온달이 친척이야.
삼촌이라고 보면 된단다.

안녕하세요?
그런데 무슨 일이세요?

아… 저쪽에서
평강 공주님… 아,
아니, 험험…

온달이 여자친구가
울고 있는 거 같던데…
무슨 일인지 한번 가볼래?

제가요? 왜요?

풍강이? 풍뎅이?

누가 풍뎅이야? 평강이라고! 평강!

아야야! 미안, 미안…

듣던 대로 힘이 세구나. 근데 혼자서 뭐해? 온달이는?

몰라, 나도.

싸웠니?

…

왜 싸우고 그래? 화해해. 온달이 아주 괜찮은 애잖아. 너도 알겠지만…

뭐, 가끔 실수해서 화나게 할 때도 있긴 하지만…

실수?

응. 가끔 약속을 잊어버리고,

내 급식 빼앗아 먹고,

나한테 방귀를 먹이는 고약한 장난이나 치고… 응?

말하다 보니 안 괜찮은 녀석이잖아!

야, 절대 화해하지 마! 온달이 아주 나쁜 놈이네, 이 나쁜 놈!

나도 네 얘기 많이 들었어. 유치원 때부터 친구라고.

무, 무슨 얘기를 들었는데?

유치원 때 바지에 오줌 싸서 별명이 오줌싸개였다고…

내 그럴 줄 알았어! 스피커 같은 놈!

아주 동네방네 안 떠들고 다니는 데가 없다니까!
자기는 바지에 응가해서 둘이 같이
사나이 대장부로서 평생 비밀을 지키자더니,
그다음 날 유치원에서 모르는 애가 없었다고!

비밀을 안 지키면 사나이 대장부가 아니야!

그래, 평생 비밀!

형배 너 바지에 쉬했다며?

넌 오줌싸개! 온달이는 똥싸개!

너 똥 싼 것도 다 소문낸 거야? 이 바보 온달!

헤헤헷!

내가 그동안 온달이가 떠벌리고 다닌 거 때문에 망신당한 일만 생각하면 진짜… 자다가도 벌떡벌떡 일어난다니까!

호호호, 재미있다~

응?

고마워. 덕분에 기분이 좀 나아졌어.

그래. 온달이는 좋은 녀석이지만 잘못도 많이 하니까, 온달이 혼내고 싶으면 언제든 말해. 해줄 얘기가 아직 한가득이라고!

쳇… 연아랑 같이 있는 게 날아차기를 먹일 정도로 화나는 일인가?

변명할 기회는 줘야지! 얜 어디 간 거야?

변명할 기회는 줬는데 네가 기절해서 못한 거란다, 후후…

험험…

어? 황 대감 아저씨, 웬일이세요?

이게 어찌 된 일이냐? 공주께서 다른 공자와 놀고 계시던데…

네? 어, 어디서요…?

오호호홍, 혹시 나한테 간신의 자질이 있나? 이렇게 사람 사이 갈라놓는 일을 잘하다니…

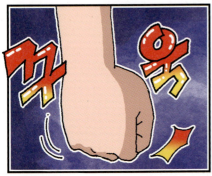

재 뭐야?
나한테는 맨날 부마는 공부해야 한다, 어쩐다, 하면서 화난 얼굴만 보여줘놓고는, 형배한테는 저렇게 밝게 웃어주다니!

평강이 너 뭐야?

어? 온달아!

나한테는 연아랑 친하게 지낸다고 화냈으면서, 넌 지금 뭐하는 거야?

내, 내가 뭘…?

온달아, 네가 뭔가 오해하는 것 같은데…

넌 빠져! 나랑 평강이 문제야.

아이쿠!

빡

이게 무슨 짓이야? 약한 사람한테…

약, 약하긴 누가 약해…?

히, 힘이 세졌어! 7권에서 '지덕체'를 기르기 위해 노력한 효과를 보는 건가?

야! 이 바보 온달! 비겁하게 갑자기 밀쳐?

'체'를 갖춘 이 온달님은 천하무적이다!

네가 천하무적이면 난 천하무적의 대장님이다!

나한테 언제 이런 힘이 생겼지?

그만해!

아싸, 기회다!

멈

촛

게요옷!

부마 결정전이 코앞인데 자꾸 이럴 거야?

내가 뭘?

자꾸 사고만 치고 있잖아! 내가 말한 건 제대로 하지도 않으면서.

난 뭐 네가 시키는 대로 다 해야 하니?

누, 누가 시키는 대로 다 하래? 부마 결정전까지만 참고 노력하면…

그깟 부마 되는 것 때문에 내가 얼마나 힘든지 네가 알기나 해?

뭐? 그깟 부마?

그래, 그깟 부마! 너는 부마만 중요하지? 내가 힘든 건 안중에도 없지?

사실은 힘들지 않아. 너랑 같이 있어서 즐거워…

공갈이와 나 사이에서 네가 마음을 확실히 정하면 간단하게 끝날 일이잖아!

부, 부마를 결정하는 일은 나라의 큰일이라서, 내 마음대로만 할 수 있는 게 아니란 말이야!

그래, 중요한 일이지. 평강이 너도 고민 많다는 거 알아.

핑계 대지 마! 네 마음만 확실하면 나머진 모두 해결될 수 있는 문제야.

내, 내가 왜 이러지…? 형배야! 내 입을 때려서라도 나 좀 말려줘!

네가 마음을 안 정하니까,
내가 역사 속을
떠돌아다니면서
위험에 빠지잖아!

그렇지 않아!
너와 설쌤과 함께라면
어떤 위험도 무섭지 않다고!

다 너 때문이야!
너 때문에 나만
힘들어진다고!

둥

!

알았어…
나중에 설쌤 연구실에서
얘기하자…

으아아~
네 생각은
그게 아니라고 말해,
이 바보 온달아!
빨리!

쩝… 폐하의 명이었지만, 좀 미안한걸…

밀쳐서 미안해…

아니야, 괜찮아. 난 널 물었는걸.

뜨헉!

나는 상관없는데,
형강이는 어쩔 거야?

형강 아니고
평강이야.

그래, 그 여자애
천강이 말이야.

으이그...

나도 모르겠어.

아까 네가 한 말들,
진심 아니잖아. 내가 다 알아.

...

미안하다고 해. 사과하면
용서해줄 거야. 그 부마라는 게
뭔지는 잘 모르겠지만...

요, 용서해줄까?
그렇게 심한 말 했는데?

당연하지!
나 봐, 오줌 싼 거
네가 막 떠들고 다녔지만,
네가 사과하니
그래도 용서해줬잖아.

그런가...

온달이 얘기 듣고 많이 생각했어요.

온달이 말이 다 맞아요. 저 때문에 온달이는 현대에서 즐겁게 생활할 기회를 빼앗기고 있어요…

흠…

제가 좋아하면 좋아할수록 온달이는 위험한 삶을 살게 되겠죠. 부마가 되면 훨씬 더 위험해질 거고요…

고구려는 신라, 백제와 전쟁 중인 상황이니…

아, 아니, 그건 꼭 그렇지는…

아니요, 위험해질 거예요. 실제로 얼마 전에 연산군이 쏜 화살에 맞기도 했잖아요.

전 그때 정말… 온달이가 죽는 줄 알았어요…

현대의 대한민국은 안전한데… 온달이한테 너무 미안해요…

그래, 오줌 싼 것 떠벌리고 다닌 일도 용서받았는데… 심한 말 했지만 사과하면 용서해줄 거야.

이건 평강이 목소리인데…?

다 내 잘못이에요…

멈

씃

온달이를 부마감으로 선택하는 게 아니었는데…

쿵

나, 나에 대한 감정이… 겨우 그 정도였던 거야…?

쾅!

오, 온달아…
언제부터 거기 있었니…?

나를 부마로 선택한 게
잘못이었다고?

아, 아니야,
네가 어디부터 들었는지
모르겠는데 오해야, 온달아…

잘됐네.

나도 부마 같은 거
될 생각 없었는데
말이야!

헉!

뭐라 그랬어?
다시 한 번 얘기해줄래?

부마 될 생각 없다고!

다시 한 번 얘기해봐.

너 따위
좋아한 적도 없어!

1화

고구려 부마 선발 시험

온달에 대한 오해가 쌓여 결국 고구려로 돌아간 평강. 이제는 영원히 고구려의 공주로 살며 능력 있는 부마를 맞이하겠다고 합니다. 한편 뒤늦게 평강의 소중함을 깨달은 온달은 고구려의 부마가 되어 평강과 함께하겠다고 다짐합니다. 설쌤의 도움으로 고구려 부마 선발 시험에 참가한 온달은 시험을 통과해 당당히 평강공주 앞에 설 수 있을까요?

생각해 보아요.
- 청동기 시대의 생활 모습에 대해 복습해봅시다.
- 우리 민족 최초의 국가는 무엇인지 알아봅시다.
- 고구려의 시조 주몽에 대해 살펴봅시다.

고구려 안학궁

이제는 고구려에 영원히 머물며
고구려 사람과 결혼하겠어요.

응?

저 말괄량이가
또 왜 저러는 건가?

그, 그게…

소곤
소곤

많이 부족하지만
우리 공주가 좋아하니
내 기꺼이 부마로
맞을 생각을 했거늘…

뭐라?
온달이
이 녀석!

감히 내 딸 눈에서
눈물 나게 해?
고얀 놈 같으니라고!

폐하! 아까 말씀드린 대로
다소 오해가…

오해는 무슨 오해!

잘 생각했다, 평강아!
이 아비가 훌륭한 젊은이를
골라주마!

우리 평강이 눈물 쏟게 했으면
그걸로 끝일세! 설 학사는
더 이상 말하지 말게!

아바마마,
한 가지 청이
있습니다.

그래, 평강아…
무엇이든 말해보거라.

소녀, 미래의 대한민국에서
사람의 능력은
신분에 의해 결정되는 게
아니라는 것을 배웠습니다.

우리 고구려도 인재를 구할 때
신분보다는 능력을 보고 뽑아야
나라가 부강해질 것이라
생각하옵니다.

흠… 그래, 그거
좋은 생각이구나!

해서 제 남편인 부마부터 그리 뽑았으면 하옵니다.

부마를?

네, 신분을 가리지 않고 능력 있는 자를 고구려의 인재로 삼겠다는 왕실의 뜻을 백성들에게 널리 알리는 데 이보다 더 확실한 방법이 어디 있겠사옵니까?

설 학사, 고맙네! 저 말괄량이를 이리 잘 가르치다니…

화, 황공하옵니다…

자, 잠깐…!

그럼 공갈이는 어쩌누?

온달이 아니면 공갈이를 부마로 삼아야 하지 않겠느냐?

이것이 나라를 위하는 길이라고 제가 공갈 공자를 설득하겠사옵니다.

흠… 공주의 뜻이 그러하다면 마다할 이유가 없느니라.

공갈 공자와 대신들을 들라 이르라!

40

좋습니다!
새로운 부마 시험을
받아들이겠습니다.

공갈아! 아니 된다.
이건 부당해!

공주님께서 온달이와
혼인하지 않는다면,
네가 부마가 되어야
마땅하지 않느냐?
이제 와 새로운 시험이라니!

스승님, 이 제자를
못 믿으십니까?

그, 그럴 리가 있느냐?
내 누구보다
너를 믿는 걸
잘 알지 않느냐?

네, 저도
저 자신을
믿습니다.

제가 신분만이 아니라 능력에서도
부마의 자격이 있다는 것을 공주님께
당당히 보여줄 수 있게 해주십시오,
스승님!

하아…
네가 원한다면
하는 수 없구나.

자, 공갈 공자도
동의했으니, 흠흠!

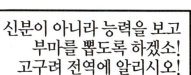
신분이 아니라 능력을 보고
부마를 뽑도록 하겠소!
고구려 전역에 알리시오!

예, 폐하!

히히,
평강이 오기 전에
빨리 먹어야지!

아!

맞다… 평강이는
고구려로 돌아가버렸지,
설쌤도…

또 습관처럼
여기로 왔네…

쳇!

흥, 갈 테면 가라지!
세상의 반이 여자야!
"부마가 되려면 공부해라,
덕을 쌓아라",
닦달하기나 하고!

그런 거 안 해도
있는 그대로의 나를
좋아하는 사람 많거든!

아…!

펴, 평강아…!

평강아! 평강아!

응? 나 부른 거야?

아, 아냐…! 미안해…

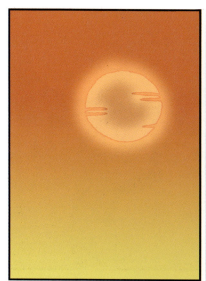

크흑… 평강아!

네가 떠나고 나서야
네가 얼마나 소중한지
깨달았어…

설쌤! 보고 싶어요!
로빈도 보고 싶어…

척

설쌤!!

돌아오신 거예요?
평강이는요?

평강이는 다시
오지 않을 거야…

평강이는 여전히 저를
부마로 선택한 게
잘못이라고 생각하나
보네요…

흠… 네가 진실을
아는 게 좋을 거 같다.

그때 너는
평강이 얘기 중에
가장 중요한 부분을
못 들었단다.

?

제가 좋아하면 좋아할수록
온달이는 위험한 삶을 살게 되겠죠.
고구려는 신라, 백제와
전쟁 중인 상황이니…

온달이한테
너무 미안해요.

이럴 수가…
내, 내가 한 말 때문에…

너 때문에 나만
힘들어진다고!

바보 같은 평강이!
내가 얼마나 용감한데…
너랑 있으면 그런 위험 같은 거
하나도 겁 안 난단 말이야!

그 말 진심이지? 평강이와 함께라면
어떤 위험도 겁 안 난다는 거!

물론이죠!

곧 고구려에서는 부마를
선발하는 시험이 치러질 거야.

네?

부, 부마를 뽑는
시험이라고요…?

그래, 수많은 고구려 청년들이
부마가 되기 위해
전국에서 모여들고 있지.

그 시험을 통해
부마가 결정될 거란다.

!!

설쌤!
저를 고구려로 데려가주세요!

태왕폐하의 시험을 통과하고
평강이에게 진심으로 용서를 빌고 싶어요.
그리고 부마가 되고 싶다고
당당히 말하겠어요!

그래,
그 말을 기다렸단다!
온달아, 우리 가서
평강이를 깜짝 놀라게
해주자꾸나!

네, 설쌤!
솔직히 잘할 수 있을진
모르겠지만,
평강이를 위해
열심히 해볼게요!

으아아!

아, 잠깐만…
그전에…

이 옷은
뭐예요?

평강이 눈물 쏟게 했다고
폐하께서 너를 못마땅해
하셔. 들키면 시험이고
뭐고 바로 쫓겨날 테니
변장하는 거야.

시험을 통과하고
당당히 변장을 푸는 거지!

오… 비밀 영웅
같은 느낌이네요.

오…
참가자가 많구먼.

예, 폐하!
신분을 가리지 않고
능력 있는 부마를 뽑는다고
했더니, 수많은 젊은 공자들이
지원했사옵니다.

그래, 모두
늠름해 보이는군.

역사를 모르는
민족에게 미래는
없는 것이다!

고구려의 부마는
마땅히 역사의 중요성을 알고,
역사에서 지혜와 길을 찾을 수 있는
사람이어야 한다!

하여 부마를 선발하는
이 시험에서는 역사에 대해
묻도록 할 것이다!

고구려를 사랑해서 이 자리까지 나온 그대들 모두에게 깊은 고마움을 느낀다.

나의 백성들아! 아들들아!

부마의 자리에 도전하라!

와!

와아!

시험을 시작하라!

꽝

빠, 빵점 대장인 내가 역사 시험을 잘 치를 수 있을까?

온달, 약해지지 마! 설쌤, 평강이와 같이 역사 여행 하면서 배운 지식들을 믿어보는 거야!

두근 두근

정답은
활을 잘 쏘는 사람!

와아

와

아싸!
아는 문제가 나와서
다행이다.

두 번째 문제,
우리 민족 최초의 국가는
무엇입니까?

최초의 국가…?
아, 생각이 날 듯
말 듯하네…

그러니까…
쑥, 마늘, 동굴…
곰이랑 호랑이가
나타나서…

배고파서
곰이 호랑이를
잡아먹었던가…?
아, 아닌데…

우리 민족 최초의 나라는
단군왕검이 세운 고조선이야.
그래서 우리 민족이 위기를 맞을
때마다 민족의 혼인 단군을
중심으로 뭉쳤지.

아!

맞다! 고조선!

하나, 둘, 셋!
모두 답을
들어주시오!

53

정답은…

고조선!

설쌤의 역사톡톡
| 단군이 세운 조선 vs. 이성계가 세운 조선 |

우리가 '고조선'이라고 부르는, 단군왕검이 세운 나라의 원래 이름은 '조선'이에요. 그런데 왜 '고조선'이라고 부를까요? 훗날 태조 이성계가 세운 나라 이름 역시 '조선'이기 때문이죠. 이 두 나라를 구분하기 위해 단군이 세운 조선을 '옛날, 오래전에 세워진 조선'이라는 뜻으로 고조선이라고 부른답니다.

부마 선발 시험 중인가?

예, 공주님.

휴우~ 어떤 청년이 부마로 뽑히려나…

내가 주장한 일이니 누가 선발되든 결과를 받아들여야겠지…

일곱 번째 문제, 이 그림 속 물건의 이름과 쓰임새가 무엇인지 적으시오!

어, 저건…?

흐흐, 나만큼 저것에 대해 잘 아는 사람도 없을걸!

노예로 끌려가 저 고인돌 만드느라 죽을 고생을 했으니…

아… 필요한 순간 이렇게 딱 떠오르다니!

설쌤과의 역사 여행은 단순히 재미있기만 한 게 아니었어.

좋았어! 설쌤을 믿고 자신 있게 시험을 치르자!

응? 저 아이는…

눈매가 분명
온달이야…
온달이가
나를 보러 온 건가?

두근 두근

온달이…?

하나, 둘, 셋!
모두 답을
들어주시오!

돌
평강공주
별로…
고인돌
고물
대문
이나!!
친구들아
미안해!
고구려
짱
삼국통일
식탁
내여친
예쁨
49
고인돌

와아!
고인돌
고인돌

정답은 권력이 큰
부족장의 무덤인
고인돌이오!

온달이가 아니었어…
온달이가 저렇게 똑똑할 리 없지.

이 비파 모양의 동검은 고조선 시대에 사용하던 무기입니다.

자, 스물아홉 번째 문제! 이 동검을 사용하던 시대의 유물 뒤로 가서 줄을 서시오!

뭐, 뭐지…?

웅성

웅성

먹거리를 담는 빗살무늬 토기!

벼 이삭 등을 베는 반달 모양의 돌칼!

날카로운 쇠촉의 화살!

동물의 뿔로 만든 괭이!

금속 검을 만드는 시대라면 당연히 금속 화살촉을 만들었겠지.

이번 문제는 쉬운걸~

비파형 동검을 사용하던 청동기 시대를 여행할 때, 평강이의 라이벌인 청순이가 저 돌칼을 사용했었지.

내가 온달이랑 결혼할 거야!

누구 마음대로? 온달이는 나랑 결혼할 거거든!

이렇게 벼 이삭을 따는 데 사용하는 거야.

정말 쉽게 따지네.

그런데 청동기 시대인데 왜 석기를 써요?

그냥 말로 하면 되지, 왜 손은 잡고 난리야?

청동기 시대에도 청동은 귀해서 무기나 장신구를 만드는 데만 사용됐어.

그래서 농사에는 여전히 반달돌칼처럼 돌을 갈아 만든 간석기를 사용했다고 하셨지.

야, 쟤 좀 봐! 부마 뽑는다니까 출세할 생각에 어디 촌구석에서 와서 역사를 잘 모르나 봐.

푸훗, 그러게. 금속 칼을 만들 수 있는데 돌로 된 농기구를 사용할 리가 없잖아.

맞아, 저 토기라면 혹시 동검과 같은 시대 유물일 수도 있겠지만, 저 돌칼이랑 뿔로 만든 농기구는 진짜 아니다…

헛!

저… 저…?

고, 공갈이가 왜 저 애 뒤에…?

공갈이라면 평양성에서 가장 똑똑한 녀석인데…

그렇다면…?

저 촌뜨기 같은 애가 정답을 맞혔단 말이야?

그, 그런 건가…?

그럴 리 없어… 아무리 공갈이가 똑똑하다고 해도 모든 역사를 다 알 순 없지!

하, 하지만…

공갈이가 틀리는 모습은 상상이 안 되는데…

의외인걸. 공갈이가 또래한테 믿음직스러운 존재인가 보네.

나, 나도…

정답은…

반달 모양의 돌칼!

아… 역시…

너 역사 좀 아는구나!
이 어려운 문제의 정답을
맞히다니.

너도 대단해.

그런데 얼굴은
왜 가린 거야?

그, 그게…
얼굴이 너무
못생겨서…

시, 시험 감독관님한테
허락받은 거라 아무 문제 없어!

아, 오해하지 마!
궁금해서 물어본
것뿐이니까.

그리고 못생긴 걸로는
나도 어디 가서
뒤지지 않아, 히히~

그럼 못생긴 우리 둘이서
잘생긴 녀석들을 물리쳐보자고!

그, 그래!!

그동안 봐왔던 것보다
더 괜찮은 녀석인걸…

총 5명의 부마 지원자가 남아 있는 가운데, 이제 1차 관문의 마지막 문제를 내겠소.

만일 이 평양성에 외적이 쳐들어왔는데 무기가 다 떨어졌습니다. 왕족인 부마로서 어찌하겠는지 쓰시오!

무기가 없는데… 평강이를 데리고 도망가야 하나…?

자, 잠깐!

하나, 둘, 셋! 모두 답을 들어주시오!

돌을 무기로 백성들과 함께 싸우겠다.

맨주먹으로 물리치겠다.

일단 항복해 왕녀의 안전을 지키겠다.

부마가 아니고 평민인척 위장해 왕족들라 탈출 하겠다.

큰 소리로 음악을 연주하고 춤을 춘다.

큰 소리로 음악을 연주해? 적이 쳐들어왔는데…?

좀 더 당당한 모습으로 정체를 밝히고 네게 사과할게…

공주님, 어인 일이신지요?

이 문제는 왕족의 의무를 묻는 문제인 만큼,

왕족인 내가 채점을 해야 맞을 것 같아서, 실례를 무릅쓰고 들어왔어요.

하, 하지만…

폐하!

왕족의 의무와 관련된 문제이니, 공주의 생각이 답이 될 수도 있겠지. 허락하겠노라.

감사하옵니다, 아바마마.

그럼 공주님께서 채점해주시지요.

말괄량이 공주님을 누가 말리겠어?

먼저 이 두 공자의 답은 틀렸어요.

어찌해서 저희가 틀렸단 말씀이옵니까?

폐하와 왕족을 우선으로 보호하는 것이 부마의 의무 아니옵니까?

아니에요!

고구려의 왕족은 보호받는 사람들이 아니라 앞장서서 싸우며 백성들을 보호하는 사람입니다!

아…

저희의 생각이 짧았습니다, 공주님!

깊이 반성하겠사옵니다.

답은 틀렸지만, 그대들의 충성심은 고맙게 여기고 있어요.

이 공자의 답도 틀렸어요.

이유를 설명해주십시오, 공주님!

용감히 싸우는 건 옳으나,

백성들의 생명을 책임지는 왕족으로서, 아무런 대책도 없이 맨주먹으로 싸우는 건 백성들을 죽음을 내모는 어리석은 일이지요.

설명해주셔서 감사합니다.

호오!

말괄량이 공주님이 언제 이렇게 의젓해지셨지?

폐하 말씀대로 설 학사가 교육을 잘 시켰는걸…

두 분 공자의 답은 판단하기가 좀 어렵군요. 설명을 해줄 수 있나요?

제가 먼저 말씀드리지요.

무기가 떨어졌다고 하나, 생각을 달리하면 돌을 얼마든지 무기로 사용할 수 있다고 봅니다.

우리 고구려의 축제인 동맹에서는 전쟁 상황에 대비해 돌을 던지며 싸우는 '석전'이라는 놀이를 하지 않사옵니까?

이렇게요.

빡

게다가 무예훈련으로 잘 단련된 우리 고구려의 백성들과 함께라면, 적들 또한 이 평양성을 쉽사리 넘지 못할 것입니다.

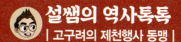

그럼 이번에는 공자가 쓴 답에 대해 설명을 해주세요.

전쟁 중에 큰 소리로 음악을 연주하고 춤을 춘다는 건 이해하기 어려운데요.

네…

적에게 포위되고 무기가 없는 위급한 상황에서 가장 필요한 게 저는 시간이라고 생각합니다.

시간이라고요?

네, 잠깐이라도 시간을 벌어야, 그 틈에 공갈 공자가 말한 것처럼 무기를 구해서 다시 싸울 수 있으니까요.

시간이 중요하다는 건 알겠는데, 그것과 춤추고 노래하는 게 무슨 상관이죠?

우리가 위급한 상황인 만큼, 적들도 우리 고구려를 다 이겼다고 생각하지 않겠습니까?

그렇겠지요.

그럴 때에 평양성에서 음악과 춤이 흘러나온다면 적은 당황하며 의심을 하겠지요.

그렇사옵니다.

아, 위급한 순간인데 저렇게 춤과 노래를 즐기고 있다면, 성내에 강력한 군대가 숨어 있는 게 아닌가 하는…?

호…!

우리 군대가 약할 때 오히려 방어하지 않고 성문을 열어둬서, 적이 '군대가 숨어 있는 게 아닌가' 의심하게 만들고 스스로 물러나게 하는 고급 병법이 아닌가?

적들은 우리에게 무기가 떨어진 걸 눈치채지 못할 뿐 아니라, 군대가 숨어 있진 않을지 의심스러워서 함부로 공격하지도 못할 것이옵니다.

그사이에 우리는 나라를 구할 시간을 벌 수 있게 될 것입니다.

놀랍군요… 어디서 그런 가르침을 받았나요?

그, 그게…

설쌤과 너한테서 배운 거지…

로빈의 생명이 위태로운 이때에 개춤을 춘다고요?

개춤? 그게 뭔데요?

너도 궁금하지? 연산군도 분명 궁금해할 거야.

아, 연산군이 개춤에 대해 궁금해한다면, 개춤을 보기 전에는 로빈을 죽이지 않겠네요.

전하는 강북스타일!

그렇지. 일단 그렇게 시간만 벌면 로빈을 구할 수 있을 거야.

하하하! 그 말춤이라는 거 아주 재미있구나! 다른 춤이 없느냐?

저 개를 내주시면, 제가 개춤을 보여드리겠습니다~

흠… 어차피 쏘아죽일 개니, 잠시 더 살 수 있는 시간을 줘도 상관없겠지.

으하하하, 개춤이라! 그거 재밌겠구나!

좋았어… 계획대로야. 그렇다면…

로빈! 이제 도망가자! 하하하!

헉! 속았다! 저놈을 잡아랏!

왕

우리 셋이서 연산군이 의심과 궁금증을 품게 만들어서, 시간을 벌고 결국 로빈을 구해냈었지…

공자?
내 질문 못 들었나요?

앗! 죄송합니다.
잠시 딴생각을…

역사에서요.
역사에서 배웠습니다.

역사를 공부해보니,
위급한 순간에도 정신을 똑바로
차리면 얼마든지 위기를 기회로
바꿀 수 있다는 것을 배웠습니다.

과연 역사는
현재의 스승이로군!

이 두 공자는
역사에서 제대로
지혜를 배웠다고
할 수 있습니다.

제 채점 기준으로는
두 공자 모두
정답입니다,
아바마마.

그래, 훌륭한
채점이었다,
평강아!

공갈이야 본래 고구려의
인재였으니 놀랄 것도 없지.

황공하옵니다,
폐하.

그런데 이 똑똑한 공자는
어디서 나타났단 말이더냐?

화, 황공하옵니다,
폐하…

병법에 이리 능하니
아주 훌륭한
장수감이로구나!

이렇게 뛰어난 젊은이들이 있으니, 이 고구려의 미래가 밝다 아니할 수 없구나, 하하하!

모두 폐하와 고구려의 복이옵니다!

그래, 설 학사와 황 대감처럼 좋은 경쟁자가 되어, 고구려를 받치는 기둥으로 우뚝 서도록 하라!

명심하겠사옵니다, 폐하!

부마 선발전 최종 결승 진출자는 공갈 공자와 온돌 공자입니다!

정정당당히 겨뤄보자!

그래! 정정당당히!

오, 온달…?

방금 온달이라고 했나요?

아니요, 온돌 공자라고 했는뎁쇼.

고구려의 마지막 수도 평양!

평양은 고구려의 도읍지입니다. 고구려 이전에 고조선의 수도이기도 했고, 고구려를 계승한 고려도 '서경'이라 부르며 평양을 중요시했지요. 이처럼 평양은 우리 역사 속에서 빼놓을 수 없는 중요한 도시지만, 지금은 북한 땅이기 때문에 직접 가볼 수 없습니다. 하루빨리 통일을 이루어 평양으로 역사 체험을 갈 수 있는 날이 오기를 기원합니다. 그날에 대비해 고구려의 도읍 평양이 어떤 곳인지 미리 알아볼까요?

우리나라 최초의 국가 고조선의 도읍

평양은 대동강을 따라 바다로 갈 수도 있고 내륙으로도 진출할 수 있는 교통의 요지입니다. 우리나라 최초의 국가인 고조선을 세운 단군왕검은 평양을 수도로 정했습니다. 고조선은 평양을 중심으로 성장했고, 중국 한나라의 침략을 막아내기도 했어요. 그렇지만 내부 분열로 인해 멸망하고 말았습니다.

고구려 안학궁

고구려 남진 정책의 발판

평양이 다시 도읍이 된 것은 고구려 장수왕 시대입니다. 장수왕은 남쪽의 백제와 신라를 정벌하려는 남진 정책을 펼쳤어요. 그래서 남진 정책의 발판이 되어줄 새로운 도읍을 찾았고, 옛 고조선의 도읍이었던 평양을 택했습니다. 평양의 전략적 가치를 알아본 장수왕의 판단은 적중했어요. 고구려는 평양을 발판 삼아 한강 유역을 점령했고, 충주 지역까지 진출했습니다. 덕분에 오늘날 남한 땅에서도 고구려 유적을 볼 수 있게 된 것이지요.

민족 방파제의 중심

오랫동안 분열 상태였던 중국이 통일되자 고구려의 정세도 변하기 시작했습니다. 중국을 통일한 수나라는 주변 국가들을 공격하면서 힘을 과시하기 시작했어요. 고구려의 평원왕은 수나라의 공격에 대비해 평양성을 더 튼튼하게 지었습니다. 덕분에 고구려는 수나라의 침략을 막을 수 있었지요. 그 뒤에도 고구려는 평양을 중심으로 당나라의 침입을 막아냈고, 신라와 당나라 연합군의 공격에도 꿋꿋이 버텨냈습니다. 고구려가 민족의 방파제라면 평양은 그 방파제의 중심이었던 것이지요. 그렇지만 고구려는 아이러니하게도 고조선처럼 내부 분열로 멸망했어요. 고구려 멸망 후 평양은 통일 신라, 고려, 조선 시대까지 주요 도시로 남았고, 현재는 북한의 수도가 되어 오늘에 이르고 있습니다.

온달이와 함께 **주문을 배워보자!**

바보 온달과 평강공주! 고구려로!

나 바보 온달! 평강이에게 사과하러 고구려에 왔어. 그런데 놀랍게도 이 시대 고구려에는 진짜 바보 온달과 평강공주가 살았다고 해. 나와 이름이 같은 바보 온달이라니! 대체 어떤 인물이었을까? 당시 고구려는 주변 정세가 심상치 않았어. 수나라가 중국을 통일하기 시작했고, 남쪽의 신라가 몰라보게 성장하더니 고구려 남쪽 영토를 야금야금 점령하고 있었거든. 그 결과 고구려와 신라 사이에 치열한 전투들이 벌어졌고, 여기서 활약한 온달의 설화가 곳곳에 남아 오늘날까지 전해지고 있어.

우리가 가볼 수 있는 고구려 유적

아차산성

온달샘이 있는 아차산성

고구려와 신라의 전쟁 흔적은 오늘날 서울의 한강 유역에서도 찾아볼 수 있어. 한강이 내려다보이는 아차산성은 장수왕이 백제로부터 빼앗은 곳이야. 그래서 여러 가지 고구려 유물이 발견되고 있지. 온달 장군은 아차산성에서 신라에 빼앗긴 고구려 땅을 되찾으려고 신라와 전투를 벌였다고 해. 이때 온달 장군이 물을 마셨다는 온달샘이 지금도 남아 있어.

온달 설화로 유명한 온달산성

충북 단양에 가면 온달산성이 있어. 왜 온달산성이냐고? 이름에서 알 수 있듯이 온달 장군과 깊은 연관이 있기 때문이야. 온달 장군은 여기서 신라와 맞서 싸우다 전사했다고 해. 이때 온달 장군의 관이 움직이지 않는데, 평강공주가 오고서야 관이 움직였다는 슬픈 설화가 전해오고 있지.

온달산성

74

우리나라 유일한 고구려비

고구려 영토는 대부분 만주 지역이었어. 광
개토대왕의 업적을 기린 광개토대왕비도
만주에 있지. 그럼 우리나라에서 광개토대
왕비 같은 근사한 고구려비는 볼 수 없느냐
고? 다행히 충북 충주에 가면 광개토대왕
비처럼 거대한 고구려비를 볼 수 있어. '충
주 고구려비'라고 부르는데, 광개토대왕의
아들 장수왕이 한반도 남쪽으로 진출한
자신의 업적을 기리고자 만든 비석이야.

충주 고구려비

* 아차산성 / 서울시 광진구 광장동
* 온달산성(온달관광지) / 충청북도 단양군 영춘면 온달로 23 / 043-423-8820
* 충주 고구려비 / 충청북도 충주시 중앙탑면 감노로 2319 / 043-850-7301

로빈이를 따라가는 **역사 타임머신**

그때 무슨 일이 있었을까?

출발

427년
고구려, 평양 천도

475년
고구려, 한성 함락
평양으로 도읍을 옮긴 장수왕은
백제와 신라가 있는 남쪽으로
영토를 확장하기 시작했어요.
그 시기에 백제의 개로왕이 고구려의 간첩
도림에게 속아 왕궁을 보수하는 등, 백제의 국력은
빠르게 약해지고 있었습니다.
이때를 노린 장수왕은
백제의 도읍 한성을 함락시켰고,
개로왕은 처형당하고 말았지요.

553년
신라, 한강 유역 점령

559년
평원왕, 고구려 25대
왕으로 즉위

631년
고구려, 천리장성
축조 시작

612년
수나라의 침입과 살수 대첩
중국을 통일한 수나라는 100만 대군을
동원해 고구려를 공격했습니다.
그리고 30만 별동대를 따로 보내 평양성을 공격했는데,
수나라 30만 별동대는 고구려 을지문덕 장군의 작전에
휘말려 '살수'에서 전멸하고 말았어요.
고구려가 수나라를 막은
이 전투를 '살수 대첩'이라고 합니다.

668년
고구려 멸망

645년
당나라 침입과 안시성 전투
중국에서는 수나라가
멸망한 후 당나라가 등장했는데,
당나라는 자신들의 말을 안 듣는 고구려를
공격해 성들을 차례로 함락시켰어요.
그렇지만 양만춘 장군과 백성들이 단결해 막은
안시성은 끝내 함락시키지 못한 채
철수해야 했습니다.
고구려가 당나라를 막은
이 전투를 '안시성 전투'라고 합니다.

666년
당나라 침입과
고구려의 내분

660년
백제 멸망

2화
최종 부마 결정전

온달은 부마 선발 시험의 1차 관문을 무사히 통과했지만, 더 이상 시험을 치르지 못할 위기에 처합니다. 하지만 평강의 중대 선언으로 겨우 최종 부마 결정전 참가를 허락받아 공갈과 정정당당한 승부를 펼치게 됩니다. 과연 부마로서의 능력과 자세를 증명하고 백성들을 행복하게 만들 수 있는 적임자는 누구일까요?

생각해 보아요.
- 나라에서 가장 귀한 사람은 누구일지 고민해봅시다.
- 백성들을 행복하게 만들 방법에 대해 생각해봅시다.
- 나라에 닥친 위기를 극복할 수 있는 비법에 대해 알아봅시다.

그딴 이상한 소리 하지 말랬잖아!

읍?

아차…!!

죄, 죄송합니다! 평강아, 아니, 평강공주님!!

너…

빽

역시 온달이었어!!

오, 온달…?

어, 어찌 된 일인가, 설 학사…?

그, 그게…

우리 나중에 결혼해서 아이 낳으면 온돌이라고 이름 짓자!

아, 아이라니! 무슨 소리야? 우린 초등학생인데!

얘가 말도 안 되는 소리를 하고 있어?

그러니까 나중 일이라고 했잖아! 그리고 왕실에서 아이를 낳는 게 얼마나 중요한데, 이게 왜 말도 안 되는 소리야?

아이 많이 낳아서 고구려 기록을 세워야지~ 애들 이름은 온돌, 온장판, 온장고, 온매트, 온수…

애들이 무슨 홈쇼핑 상품이야? 온돌 빼고는 다 이상하잖아!

그럼 너도 온돌은 좋다는 거지?

하아~

온돌! 그 이름 참 마음에 든다!

설쌤까지 왜 그러세요?

호호호!

하하하!

쪼옹

아~들?

헤헤…

설 학사의 교육으로 좀 성장했나 싶더니, 속은 여전히 천방지축이로구나…

공주야 그렇다 쳐도, 네 녀석은 어찌하여 다른 이름으로 부마 선발 시험에 몰래 숨어든 것이냐?

그, 그게… 자꾸 듣다 보니 이름이 괜찮아서요. 그리고…

당장 온달을 끌어내라!

폐, 폐하! 다시 한 번 생각해주시옵소서!

그 이름으로 시험에 참가하면 평강이도 좋아할 거라고 설쌤이 그러셨거든요.

공주께서 미래에서 돌아온 이후 하루가 다르게 말라가는 걸 걱정하시지 않으셨사옵니까?

끄응… 그건…

아니에요!

제가 온달이 때문에 가슴 아파한다고 보셨다면, 설쌤이 잘못 생각하시는 거예요.

저는 온달이를 잊었어요.

그 말 진심이야?

물론 진심이죠.

그럼 또다시 잃어버릴까 두려운 듯이 온달이 손을 꽉 쥐고 있는 건 어떻게 설명할 건데?

앗!

에그머니나!

히~ 들켰네…

뭐라 해도 우리 평강이 눈물 쏟게 한 녀석을 용서할 수는 없다! 뭐하고 있느냐? 당장 온달을 끌어내라!

폐하!

아무 말 말게! 한 마디만 더 했다가는 큰 벌을 내릴 것이야!

어서 끌어내지 않고 뭣들 하는 것이냐?

그, 그렇지만 폐하…

온달 공자를 빼면 부마 시험에 공갈 공자만 남게 되옵니다.

무엇이 문제더냐? 공갈이를 부마로 삼으면 될 것을.

신분을 가리지 않고 능력 있는 자를 부마로 뽑겠다 하여, 최종 부마 결정전에 두 명이 남았사온데…

정당한 이유 없이 평민인 온달 공자가 떨어지고 귀족 가문의 공갈 공자가 부마가 되면, 백성들이 이를 쉽게 받아들일지 걱정되옵니다.

끄응~

무엇보다 공갈 공자 스스로가 그렇게 부마로 결정되는 일을 기뻐하겠나이까?

흠…

짐이 그렇게 결정하겠다는데 받아들이지 못하겠느냐?

와..

역시..

신은 당당하게 부마 자격을 얻고 싶어 이 시험에 충실히 임했사옵니다.

하지만 시험이 이렇게 끝난다면, 신도 부마 결정전을 포기할 수밖에 없사옵니다.

허…

상대가 온달 공자라니 오히려 더 잘됐사옵니다. 신에게 당당히 부마가 될 기회를 주시옵소서, 폐하!

이것 참!

사, 살은 빠졌는데…
힘은 그대로구나…

어맛!

미안해…
괘, 괜찮니?

그럼~ 괜찮아.

네가 나타나서…
정말 깜짝 놀랐어.

보고 싶었으니까.

이젠 이 손
놓지 않을 거야,
평강아.

그때 네 마음을 모르고
심하게 말해서 미안해.

뭘… 나도 똑같았는데… 그리고 네가 살기에 고구려는 전쟁도 많고 위험한 곳이라는 생각은 변함없어.

아니! 너를 잃는 게 나한테는 가장 위험한 거야. 그보다 더한 위험은 없어!

네가 말려도 이젠 내가 부마가 되고 싶어.

두근

두근

왜? 내가 왜 그렇게 좋아?

예뻐서?

뭐, 뭐야…? 비웃는 거야?

나를 있는 그대로 좋아하는 사람은 많았지만, 나를 더 나은 사람으로 만들어주려는 사람은 너밖에 없거든.

평강아, 널 좋아해…!

치킨보다 널 더 좋아하도록 노력할게.

하, 하하하! 바보…

평강공주와 설 학사만 들라!

온달이라니! 온달은 절대 안 된다!

왜 안 되나요?

아바마마께서도 우리 고구려의 앞날을 빛내줄 훌륭한 젊은이라고 마음에 들어하셨잖아요.

그, 그건…

온달이 아니라 온돌 공자였을 때 이야기지!

이름이 뭐가 됐든 훌륭한 젊은이라는 점은 변함없잖아요.

끄응…

흥! 다시 말하네만, 교육을 아주 자알~ 시켰구먼. 이 아비 말에 한 마디를 안 겨!

송구하옵니다, 폐하…

네 눈에서 눈물 쏟게 만든 아이다. 그래도 좋으냐?

그래서 이번 시험 결과에 따르겠어요.

온달이가 시험에서 떨어지면
온달이와의 인연을 포기하겠어요.

아, 아니… 그렇게
간단히 말하면 안 되는…

괜찮아요.
나라에 소동을 일으켰는데
이 정도 책임은 져야
마땅하죠.

흐음… 네 고집을
어찌 꺾겠느냐…

휴우~

91

고맙습니다, 아바마마!

하지만 네 입으로 분명 약속했다. 온달이가 떨어지면 포기하겠노라고!

네!

좋다! 온달의 참가를 인정하겠다. 내일 아침 시험을 계속하라!

네, 폐하!

시험장에 안 가봐도 괜찮겠니?

네, 전 온달이를 믿어요.

전 여기서 온달이가 데리러 오길 기다릴게요.

그래, 네가 믿을 수 있을 정도로 온달이가 성장했다니 기쁘구나…

내가 가서 지켜보며 응원하마.

최종전에서는 그대들이 부마가 됐을 때 어떻게 행동할 것인가 하는 문제를 낼 것이다.

시작하라!

네, 폐하!

그대들이 부마가 됐을 때, 가장 귀하게 생각해야 할 사람은 누구입니까?

태왕폐하이시옵니다!

임금은 스승과도 같고, 스승은 아버지와 같다는 말이 있습니다.

그만큼 폐하께서는 고구려의 중심이요, 만백성의 스승이자 아버지와 같으십니다.

먼저 폐하께서 무사하시다면 백성들은 스승과 아버지를 따르듯 폐하를 믿고 뒤따를 것입니다.

끄덕 끄덕

역시, 공갈이는 황 대감의 제자답게 뛰어나구나…!

온달 공자의 답은 무엇이오?

음…

바로 저입니다!

응?

가장 귀하게 생각해야 하는 사람은…

헉!

푸훗!

으아아… 평강아, 온달이가 성장한 게 아니었나 봐!

어허! 체통을 지키시게!

끄응

험험… 이유를 설명할 기회를 드리겠소.

제가 역사 여행을 하며 만난 세종대왕께서는 자신의 눈을 희생하면서까지 백성들을 위해 글자를 만드셨지요.

조 내관, 너무 어둡구나. 불을 더 밝히거라.

밝은데?

!

저, 전하…

불을 밝히지 않고 왜 그러느냐?

주위가 어두운 것이 아니오라 전하의 눈이 점점 어두워지고 있는 것이옵니다…

!

전하, 제발 휴식을 취하시옵소서.
벌써 몇 년째 쉬지 않고 글자 연구만 하시니,
옥체가 더 이상 견디지 못하는 것이옵니다.

내 건강이 나빠진 것이
어디 어제오늘의 일이더냐…
소란 떨 것 없다.

거의 다 되었다.
내 두 눈을 잃더라도
이 일이 완성되면
만백성이
눈을 뜨게 될 것이다.

모든 백성의 눈과
이 두 눈을 바꿀 수 있다면
그 어찌 기쁘지 않겠느냐?

저, 전하…

그분에게서 나라에서
가장 소중한 것은 백성이라는 것을
배웠사옵니다.

그래! 세종대왕께서는
건강이 나빠져 시력을 잃어가면서도
글자 연구에 몰두하셨지.

두 번째 문제를 내겠소!

그대들이 부마가 된다면, 백성들이 행복하게 살도록 하기 위해 무엇을 하겠소?

공갈 공자!

말을 달려 남과 북, 동과 서로 다른 나라를 정복해 우리 고구려의 영토를 크게 넓히겠사옵니다.

그리하면 천하의 재물이 고구려로 몰려들어 백성들에게 나눠줄 부가 넘쳐날 것이옵니다.

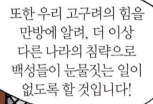

또한 우리 고구려의 힘을 만방에 알려, 더 이상 다른 나라의 침략으로 백성들이 눈물짓는 일이 없도록 할 것입니다!

저는 시장에 나가 많이 먹고 많이 놀겠습니다…

응?

엄마야~

이놈! 설마 놀고먹으려고 부마가 되려는 것이었더냐?

폐하! 진정하시옵소서. 제가 묻겠사옵니다.

백성은 내 자식과 같다. 고통받는 자식이 부모에게 와서 억울함을 하소연하는데, 어느 부모가 그것을 멀리한단 말이냐?

두려워하지 말고, 무슨 억울한 일이 있는지 가까이 와서 말하라.

성은이 망극하옵니다!

백성들과의 소통을 통해 훌륭한 임금님으로 역사에 길이 남으셨지요.

우리 말에 귀 기울여주시는 임금님이 계시다니, 참 행복해.

그러게, 요즘처럼 살맛나는 세상은 처음이야!

맞아, 백성과의 소통을 중요하게 여긴 영조, 정조 두 분 임금님이 조선 후기의 황금기를 이끄셨지.

설쌤의 역사톡톡
| 소통으로 성군이 된 영조와 정조 |

영조는 정치세력을 골고루 등용하는 탕평책을 이용해 정치를 안정시키고 그 힘으로 백성들의 삶이 나아지도록 노력했는데, 군포를 반으로 줄이는 균역법을 실시해 군역의 부담을 줄여준 것이 대표적인 업적이에요. 할아버지 영조에 이어 왕위에 오른 정조는 탕평책을 더욱 강화하고, 학문 연구기관인 규장각을 설치해 나라를 개혁했어요. 그동안 상업의 발전을 방해한 금난전권을 폐지해 누구나 장사를 할 수 있게 하는 등, 백성들의 아픔을 해결하기 위해 많은 노력을 기울였지요. 영조와 정조는 조선 후기 나라의 황금기를 이끈 임금이랍니다.

소통이라는 것이 일방적으로 강요해서 되겠사옵니까?

그래, 소통이 중요하다는 것은 알겠네. 그런데 부마가 시장에 가서 놀고먹는 것과 소통이 무슨 상관이 있다는 말인가?

아! 시장에 나가 어울려 놀다 보면 자연스럽게 백성과 눈높이를 맞출 수 있을 테고…

예! 친구처럼 편하게 만날 수 있다면, 좀 더 자유롭고 깊은 이야기를 나눌 수 있을 것이옵니다.

제가 시장에서 들은 백성들의 어려움을 폐하께 말씀드려 해결한다면, 백성들의 삶이 한층 더 행복해지지 않겠사옵니까?

또 그리되면 백성들이 폐하의 덕을 칭송하게 될 터이니, 폐하의 자식인 부마로서 저 또한 어찌 기쁘지 않겠사옵니까?

험험…
그런 깊은 뜻이…

흠… 내가 온달을
오해하고 있었던 것 같구먼.
저 녀석의 정체를
몰랐을 때 봤던 대로
훌륭한 젊은이야…

이, 이상해…!
내가 이렇게
똑똑할 리가
없는데…

설쌤, 평강이와 함께했던
역사 여행을 떠올리기만 하면
말이 술술 나오네.
어떻게 된 일이지…?

응?

헛!

고기 좋아하시는
세종대왕님!

그리고 이황 선생님,
김유신 장군!
다른 위인들도…

두 문제에서 두 사람 모두 정답을 말했으니, 이제 마지막 문제로 부마를 결정할 것이다.

마지막 문제는…

응?

폐, 폐하…!

북주*가 침략했사옵니다!

북주놈들이 감히!

상황이 어떠하더냐?

모두 열심히 싸우고 있사오나, 이미 두 개의 성이 함락되었사옵니다!

설쌤의 역사톡톡
| 평강공주가 살던 시대 |

평강이가 살던 시대의 고구려는 매우 힘든 시기였어요. 중국에서는 오랜 분열의 시대가 마무리되며 강력한 통일제국인 수나라가 등장을 예고하고 있었고, 대가야를 무너뜨린 신라는 백제와의 나제동맹을 깨고 한강 유역은 물론, 함경도까지 치고 올라와 고구려를 압박하고 있었죠. 평강 공주의 아버지인 평원왕은 이 시기에 중국 통일왕조 수나라와의 전쟁을 준비하고 신라를 막아내는 등, 위급한 고구려의 상황을 수습하던 훌륭한 임금이었습니다.

내가 왜 그렇게 온달이 걱정을 했는지 이해가 되지?

* 북주 : 중국의 남북조 시기에 북조에 속하는 왕조 중 하나로, 선비족이 세운 나라.

106

짐을 도우러 돌아오라!

역사 속에서 나라의
큰 위기를 극복한 인물을 만나,
어떻게 위기를 극복할 수 있었는지
가르침을 받은 후,

그대들이 배워온 비법을
이번 북주의 공격을 물리치는 데
사용할 것이다!

국난을 극복할 비법을
제대로 배워오는 사람이
부마가 될 것이다.
알겠느냐?

예, 폐하!

이 분필은 지금까지 설 학사나
황 대감이 쓰던 분필과 달리
단 한 번만 사용할 수 있다.
어디를 가서 누구를 만날지 깊이
생각한 후에 사용해야 할 것이야!

설쌤의 한국사 톡톡 TALK TALK

조선 시대 왕들이 백성과 소통하는 방법

조선 시대 왕들은 백성들이 잘 살고 있는지, 억울한 일은 없는지 궁금한 점이 많았어요. 그렇지만 왕으로서 해야 할 일이 너무 많아서 백성들을 일일이 챙기기 어려웠지요. 그래서 억울한 백성이 북을 쳐 왕에게 알리거나, 왕이 직접 궁궐 밖으로 나가 백성들을 만나기도 했습니다. 어떻게 백성들과 소통했는지 알아볼까요?

백성들을 위해 만들어진 문자, 훈민정음

우리는 소통을 할 때 언어와 문자를 사용합니다. 그런데 조선 시대 백성들은 문자를 몰라서 글을 읽지도 쓰지도 못했어요. 즉 반쪽짜리 소통만 이루어졌던 셈이지요. 그래서 세종대왕은 백성들도 쉽게 배울 수 있는 문자 '훈민정음'을 만들었습니다. 처음에 양반들은 훈민정음을 상스러운 문자라고 무시했어요. 그렇지만 백성들은 너도나도 훈민정음을 배우고 그것으로 소통하기 시작했습니다. 훈민정음은 오늘날 '한글'이라는 이름으로 우리도 사용하고 있는 중요한 소통의 문자랍니다.

억울함을 알리는 백성들의 목소리, 신문고

조선 초기에 백성들은 왕의 행차를 가로막고 억울함을 호소하는 일이 많았다고 해요. 그래서 조선 3대 왕 태종은 백성들이 왕에게 억울함을 호소할 수 있도록 '신문고'라는 북을 만들어주었습니다. 그렇지만 북을 함부로 치면 벌을 받았기 때문에 실제로 백성들이 이용하기가 쉽지 않았다고 해요. 그러다 보니 신문고의 효과는 크지 않았고, 결국 연산군 시대에 폐지되어 그저 소통의 상징으로만 남았습니다. 오늘날 국민의 목소리를 들어주는 곳을 '신문고'라고 표현하기도 합니다.

다양한 소통 방법, 상언과 격쟁

조선 시대에는 신문고 말고도 '상언'
과 '격쟁'이라는 소통 방법이 있었습
니다. 왕에게 할 말이 있는 백성이
글을 써서 바치는 것을 '상언'이라고
해요. 그리고 글을 모르는 백성은
징이나 꽹과리를 치고 말을 했는데

한글로 쓰인 상언

이것을 '격쟁'이라고 하지요. 정조는 재위 기간 동안 무려 3,355건의 상언과 격쟁을 처
리했습니다. 즉 삼천 번 넘게 백성들과 소통한 것이지요. 정조의 소통을 보며, 소통이
성군을 만든다는 사실을 다시금 확인할 수 있습니다.

온달이와 함께 주문을 배워보자!

바보 온달과 평강공주! 고구려로!

부마 선발 시험에서 1차 관문을 무사히 넘기고, 공갈과 나 둘만 남은 상황에서 내 정
체를 들키고 말았어! 그래도 평강이와 공갈이가 폐하를 설득해 계속 시험을 치를 수
있게 되었지. 휴~ 정말 다행이야. 그리고 설쌤, 평강이와 함께한 역사 여행에서 위인
들을 보며 배운 지혜를 바탕으로 2차 관문도 당당히 통과했어! 세종대왕님께서는 나라
를 유지하기 위해서는 백성이 가장 중요하다는 것을 배웠고, 영조와 정조 임금님을 보
면서 백성들을 이해하고 그들과 소통하는 일이 중요하다는 것을 깨달았거든. 그동안
역사를 통해서 현재의 어려움을 헤쳐 나갈 수 있는 방법을 배워온 거야! 그걸 이제야
깨닫다니, 나는 정말 바보 온달인가 봐.

새로운 소통 방법이 등장하다! 서울 우정총국!

새로운 소통 수단, 우편 그리고 우정총국

우편은 멀리 있는 사람에게 편지를 전달
해주는 업무야. 근대에 등장한 새로운
소통 수단이라고 할 수 있지. 미국과 일
본은 19세기에 벌써 우편을 사용하고 있
었어. 두 나라를 다녀온 조선 말기의 문
신 홍영식은 조선도 편리한 우편을 사
용하자고 왕에게 건의했지. 그렇게 해서
1884년에 우체업무를 담당하는 소통의 공간 우정총국이 만들어졌어.

우정총국 전경

우정총국

소통의 공간에서 일어난 사건, 갑신정변

우정국은 우리나라 우편업무가 시작
된 곳이면서, 갑신정변이 일어난 곳
으로도 유명해. 당시 조선의 정치세
력은 온건개화파와 급진개화파로 나
뉘어 서로 대립하고 있었어. 그런데
온건개화파가 점차 세력을 확대해
나가자, 위협을 느낀 급진개화파가 정권을 잡으려고 정변을 일으키게 된 거야. 이 정변
이 우정총국에서 일어난 갑신정변이야. 결국 우정총국은 정변으로 인해 문을 열자마
자 닫아야만 했지.

* 우정총국 / 서울시 종로구 우정국로 59 / 02-3703-9030

128년 만에 부활한 우정총국

갑신정변의 아픔을 뒤로하고, 우정총국은 128년 만에 우체국 기능을 갖추고 다시 문을 열었어. 현재 전시 공간과 우체국 업무 공간으로 나눠 운영 중이야. 한편, 우정국은 세계적으로도 가장 오래된 우편업무 관청 중 하나라고 해. 그런 만큼 이 소통의 공간이 문을 닫지 않도록 우리가 잘 지켜줘야 하겠지?

우정총국 전시 공간

그때 무슨 일이 있었을까?

출발

1401년
신문고 설치

1418년
세종, 조선 4대 왕으로 즉위

1446년
훈민정음 반포

1494년
연산군, 조선 10대 왕으로 즉위
세종대왕과 달리
연산군은 소통을 좋아하지 않았어요.
효과는 크지 않았지만 소통의 상징으로 남아 있었던
신문고를 아예 폐지시켜버렸지요.
백성들은 신문고 대신에 왕과 소통할
다른 방법을 찾아야 했어요.
그래서 상언과 격쟁이
등장하기 시작했습니다.

1504년
훈민정음 사용 금지
연산군이 폐지한 건
신문고만이 아니었어요.
연산군을 비난하는 한글 문서가 돌아다니자,
화가 난 연산군은 한글 사용을
금지시키기도 했습니다.

1746년
격쟁의 법제화
격쟁은 왕과 소통할 수 있는
유일한 방법이다 보니, 사소한 문제까지
격쟁에 등장하는 경우가 많았어요.
그러자 영조는 『속대전』에 격쟁을 할 수 있는
네 가지 조건을 법으로 만들어놓았습니다.

1771년
신문고 부활
영조는 창덕궁 남쪽에
신문고를 다시 설치했어요.
더욱 다양한 방법으로 백성들의
이야기를 듣고 싶었던 것이지요.
그렇지만 여전히 신문고를
칠 수 있는 조건이 까다로워서
백성들은 신문고보다 격쟁을
더 많이 이용했다고 합니다.

3화

명량에서 배우는 위기 극복 비법

고구려의 위기를 극복하기 위한 비법을 찾아 나선 온달과 공갈. 절체절명의 위기를 기회로 만든 이순신 장군과 백성들의 모습을 통해서 이 둘은 한층 더 성장하게 됩니다. 온달과 공갈은 과연 무사히 고구려로 돌아가 북주의 공격을 막아낼 수 있을까요?

생각해 보아요.

- 위기를 기회로 만드는 이순신 장군의 자세를 배워봅시다.
- 명량 해전에서 적은 군사로 일본의 대군을 물리칠 수 있었던 비결을 알아봅시다.
- 임진왜란의 주요 전투들과 그 과정을 살펴봅시다.

설쌤, 어떤 분에게 가서 배우는 게 좋을…

잠깐

이번에는 스승의 도움을 받아서는 안 된다. 온전히 스스로의 힘으로 정답을 얻어온 사람이 부마가 될 것이야!

네! 폐하!

우리 역사에서 나라의 위기를 극복해낸 영웅은 많이 있었지만…

역시 그분만 한 영웅이 없겠지?

결정했느냐?

네, 스승님. 다녀오겠습니다!

저도요, 설쌤! 다녀올게요!

그래, 몸조심해라!

23전 23승 불패의
성웅! 충무공 이순신!

너도??

어, 어쩌지…?

흥!

자기 결정에 확신도 없으면서,
어떻게 다른 사람을 이끌어갈
부마가 된다는 거지? 하하하!

둘 다 이순신 장군님께
배운다면 위기를 극복하는
방법이 똑같지 않을까요?

같은 사람, 같은 상황을
보더라도 배우는 것은
각자 다를 수 있지.

역사의 문이 닫히겠다.
얼른 들어가거라!

네!

따라가서
아이들을 도와주렴.

콰
콰
콰

왈

로빈!
날 도와주려고 온 거야?

왈

여기가 어디지?

쾅

1597년 7월, 칠천량

아아!

설쌤의 역사톡톡

설쌤의 역사톡톡
| 동아시아의 역사를 바꾼 임진왜란 |

임진왜란은 1592년 4월 일본이 조선을 침략하면서 벌어진 7년간의 전쟁입니다. 임진년(1592년)에 시작된 전쟁은 2년의 전쟁, 3년의 휴전 협상을 이어가다가, 1597년에 일본이 다시 쳐들어와 조선과 명나라 연합군이 이를 물리치며 끝나게 됩니다.

1597년에 일본이 다시 쳐들어온 것을 임진왜란과 구분해서 정유재란이라고 하는데, 정유년에 다시 난이 일어났다는 뜻입니다. 임진왜란은 조선과 일본, 명나라가 참가한 당시 동아시아 최대의 국제전쟁이었습니다. 전쟁 중에 일본은 조선에서 뛰어난 도자기 장인들을 끌고 갔는데, 이들이 일본에 도자기 기술을 전해주면서 일본의 도자기 문화가 크게 발달했어요. 그래서 임진왜란을 도자기 전쟁이라고도 부른답니다.

우리 조선 수군의 배가 모조리 불타고 있어!!

그만둬! 너까지 죽을 셈이야?

이거 놔!!

정신 차려! 우리 같은 어린애가 저기로 뛰어든다고 조선 수군의 패배를 막을 수 있을 것 같아?

크흑!

바보 같은 놈! 그럼 넌 계속 그렇게 있어. 난 갈 테니까!

어딜?

그리고 멋모르고 뛰어들었다가 왜놈들 눈에 띄면 우리 목숨이 남아나겠냐?

그래도…

어디긴? 이순신 장군이 계신 곳이지.

난 이순신 장군이 이 위기를 어떻게 극복하는지 배우러 온 거니까.

우리 수군이 저렇게 많이 죽어가는데, 너는 부마 될 생각만 하냐?

이 피도 눈물도 없고 자기 생각만 하는 뺀질아!

너처럼 불가능한 일을 하려는 바보보다야 낫지!

그래, 설쌤이 하신 말씀 기억나. 가능하다 해도 우리가 역사를 바꾸면 안 된다는 거! 그래도 괴로워…

왈!

하아~ 공갈이 녀석이 옳은 소리 한마디는 했어. 빨리 이순신 장군님께 가야 한다고…

이순신 장군님 계신 곳을 찾을 수 있어?

왈!

좋았어! 가자, 로빈! 뺀질이 녀석한테 부마 자리를 빼앗길 순 없지!

흥! 누군 바보한테 부마 자리 빼앗기고 싶겠냐?

앗! 너 먼저 간 거 아니었어?

장군님이 어디 계시더라…?

길도 모르면서 뭐 좀 안다는 듯이 큰소리친 거야?

이런 얍삽한 뺀질이를 시험 때 잠깐이라도 괜찮은 녀석이라고 생각한 내가 바보였지.

너도 저 개 따라가는 주제에 큰소리치지 마! 그리고…

* 파발 : 조선 시대의 통신 제도, 위급한 일이 일어났을 때 신속하게 소식을 알리기 위해, 사람이 직접 말을 타고 가거나 걸어서 전달함.

도원수* 권율 군영

뭐라?
조선 수군이 전멸?

만일 거짓이라면
아무리 어린아이라고 해도
큰 벌을 받게 될 것이다!

안타깝지만,
저희가 두 눈으로 봤어요…

이 장군!
이 장군!

이 장군!
이 일을 어찌하면
좋단 말이오?

조선군 총사령관
권율

원균이 이끄는 수군이 칠천량에서
크게 패해 수군이 전멸했다 하오…

이 일을 어찌하면
좋겠소…?

아…!

크윽!

*도원수 : 고려, 조선 시대 군대를 지휘하는 총사령관으로, 전쟁이 일어났을 때만 임명되는 임시 관직.

121

이순신 장군이 다시 삼도수군통제사가 되었을 때, 남아 있었던 조선 수군은 군관 9명, 병사 6명 등 총 15명이 전부일 정도로 절망적인 상황이었습니다.

백성들의 절망

조선 수군이 지켜내지 못하자, 일본군은 임진왜란 내내 침략하지 못했던 전라도를 휩쓸며 조선 백성들을 괴롭혔어요.

수군의 절망

단 한 번의 패배로 조선 수군은 100척이 넘는 판옥선과 여러 척의 거북선, 약 1만 명의 수군을 잃고 궤멸됐어요.

전략의 절망

조선 수군이 제해권을 잃자 일본군은 수군과 육군이 함께 공격해 단숨에 조선을 멸망시킨다는 조선 침략의 가장 기본 전략을 실천할 기회를 얻었죠.

칠천량 해전 패배 이후, 이순신 장군은 일본군을 피해 15일 동안 해안을 돌면서 120여 명의 병사를 모아서 조선 수군을 재건했어.

장군님! 이러고 계실 시간이 없어요! 빨리 대책을 마련하셔야…

장군님 몸과 같은 수군이 전멸했는데 얼마나 충격이 크시겠어? 좀 기다려!

네 말이 맞다. 슬퍼할 시간도, 괴로워할 시간도 아까운 상황이구나…

제가 현장을 돌아보고 대책을 세워보겠습니다.

고맙소, 이 장군! 고맙소!

제가 그곳에서 왔으니 안내해드리겠습니다, 장군님.

흠… 그래, 부탁하마.

너는 나와 같이 가지 않아도 된다.

이순신 장군님한테 비법을 배우기는커녕 버림받는 건가?

네?

너에게는 다른 중요한 일을 부탁하고 싶구나.

비록 칠천량에서 대패했지만, 모든 수군이 전사한 것은 아닐 것이다.

아!

살아남은 조선 수군들을 찾아 내게 돌아오라고 알려다오!

네! 네! 그럴게요!

그래! 장군님이 계신 곳을 알면 많은 수군이 모일 거야.

어명이오!

응?

내 무슨 할 말이 있으리오,
내 무슨 할 말이 있으리오.
경을 다시 삼도수군통제사로 임명하니
부디 나라를 위해 싸워주시오.

성은이
망극하옵니다,
전하!

쳇, 통제사로
임명만 하면 뭐해?
군사나 무기 같은 건
하나도 지원 안 해주면서.
도대체 뭘 가지고
싸우라는 거야?

지도를 보니 왜군이
이 지역까지 점령했겠군.
그럼 군영을 한곳에 두면 위험하고,
이동하며 식수와 무기를
보급받아야겠어.

아! 장군님은
원망하는 마음 하나 없이
이 위기를 극복할
생각뿐이시네.
저런 자세를 배워야겠어.

한편 온달은…

통제사 영감께서 돌아오신 게 사실이냐?

그럼요. 지금 수군 아저씨들을 애타게 기다리고 계세요.

먼저 만난 수군 아저씨들은 벌써 출발했어요.

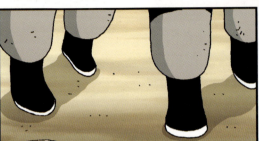

모두들 돌아가세!

그래, 이렇게 왜놈들에게 지고 살 수는 없지.

톡

톡

이순신 장군님께서 널 보내셨다고?

네.

피란민이신가 보네…

잘됐다. 그걸 내드리거라.

하, 하지만 아버지…

어허! 어서!

x

126

이건 조상님 제사 모실 때 쓴다고, 아버지가 피란 나오면서 가장 먼저 챙기신 물건이잖아요.

장군님이 무기가 없어서 싸움에 지면 나도 죽고 너도 죽을 텐데, 누가 제사를 지낸다고 제기를 아끼겠느냐?

그건 그렇지만…

자, 이것들을 장군님께 가져다 드리려무나.

응? 그릇을 왜 주시지? 이렇게 하고 싸우라는 건가?

지난번 칠천량에서 우리 수군의 배가 다 가라앉았잖니?

그랬죠.

그럼 배에 실린 화포랑 화살도 다 잃어버렸을 것 아니냐…

이 쇠붙이들을 가져가서 무기 만드는 데 보태시라고 해라.

아!

애야! 애야!

하아~ 하아~
아직 안 갔구나.
이것들 싸갖고 오느라
늦는 줄 알았지 뭐야.

자, 우리 집 주방에서 쓰던
식칼이랑 가마솥인데,
이걸 장군님께 가져다 드리렴.

쳇…
사람들이 다 이러니,
나만 감춰둘 수가
없구먼.

이건 내년 봄에 쓸 씨앗하고
농기구인데, 군사들 식량이랑
무기에 보태시라고 해라.

툭

좋아!
나도 비상식량을 다 내놓으마.
가져가거라!

아니다.
네가 다 들고 가기엔
너무 무거울 테니,
우리가 장군님께 갖다 드리마.
앞장서거라!

아…

뭐하니, 얼른 앞장서지 않고?
장군님 기다리시는데…

아오!
네…

장군님께 간다는 건
전쟁터에 나간다는 건데,
무섭지 않으세요?

무섭지만, 장군님이
계시니까 가는 거야.

네?

당연히 무섭지,
요 녀석아!

그런데 왜 가시는
건데요?

어리석게도, 장군님이 죄인으로
끌려가시고 나서야 그동안 우리 백성들을
지켜주시기 위해 얼마나
애를 쓰셨는지 알게 됐지 뭐냐…

그래서 이번엔 우리가
장군님을 지켜드리기 위해서
가는 거야. 그렇지?

장군님이 백의종군하신
과정은 『한국사 대모험』1권에
나와 있어요~

그렇지요.
지켜드린다고 해봐야,
뭐 큰 힘은 못 되겠지만요,
하하하…

장군님 뒤에는 이렇게 든든한 백성들이 있었구나.

그래! 이렇게 백성들의 마음이 하나로 뭉칠 때, 나라의 위기를 극복할 힘이 생기는 거였어!

하아…

해안을 돌아본 결과, 왜놈들은 서해를 돌아 한양으로 곧바로 쳐들어갈 생각임이 분명하다.

겨우 수백의 군사로 어찌…

군사뿐 아니라 화포도, 군량도 부족하다. 무엇으로 왜놈들을 막는단 말인가?

적들은 수만의 군사에 전선만 300척이 넘는다는데… 이순신 장군이 가진 전력은 고작 배 12척에 군사 수백 명뿐… 휴우…

두렵구나, 두려워… 내가 싸움이 져서, 백성들이 고통받으며 울부짖는 모습을 죽어서라도 보게 될까 두렵다…

두려우세요?

그래, 몹시 두렵구나.

전 장군님은 그 어떤 것도 두려워하지 않으실 줄 알았어요.

녀석, 나도 사람인데, 저 물밀듯 밀려오는 적이 어찌 두렵지 않겠느냐…

장군님!

응?

?

여기가 장군님이 계신 곳인갑네.

그려, 병사들의 표정만 봐도 이순신 장군님이 계시다는 걸 알겠구먼.

장군님만 계신다면 왜놈들이야 다 밥이지 뭐, 물고기 밥! 하하하!!

암, 그렇고말고!

나도 한쪽 팔을 다쳤지만, 장군님과 함께라면 다시 병사에 지원해 허드렛일이라도 해서 왜놈들 때려잡는 데 힘을 보탤 것이구먼.

아니! 자네는 안 나서는 게 도와주는 거야. 자네가 나서서 뭐 잘된 일이 없잖나?

뭐야, 이놈아?

말조심해, 이 뺀질이!
저분들은 짐이
아니야!

와아

장군님!
장군님이 계시니
이제 우리는
살았습니다요!

장군님과 함께
싸우기 위해 왔습니다.
저희를 받아주십시오,
장군님!

통제사 영감!
소인을
알아보시겠습니까요?

아! 노인장은
돌산도에서…

맞습니다요.
피란 중에 굶어 죽어가던
저희를 안전한 돌산도에서
농사짓게 해주셔서
살아남은 가족입니다…

살아 계셨구려!
반갑소이다,
노인장!

영감께 조금이나마 은혜를
갚기 위해 한걸음에 달려왔습니다요.

설쌤의 역사톡톡
| 이순신 장군의 백성을 사랑하는 마음 |

이순신 장군은 처음부터 무관을 준비하던 사람이 아니라, 유학을 공부
하던 선비였어요. 유학의 가르침대로 백성이 나라의 주인이라는 마음을
항상 품고 있던 이순신은 전쟁 중에 굶어 죽어가는 백성들을 보며 가슴
아파했지요. 이순신은 곧 임금에게 글을 올려, 조선 수군이 지키는 안전
한 섬에서 피란 온 백성들이 농사짓고 살 수 있게 해달라고 부탁하고,
이를 실행해 수많은 피란민을 구해냈습니다.
이순신 장군은 무장으로서 전쟁의 승리만 생각한 게 아니라, 백성들의
생명을 지키기 위해 무엇을 해야 할지 고민하는 진정한 영웅이었어요.
이순신의 이러한 깊은 애민 정신을 잘 알기에, 병사들과 백성들도 장군
을 사랑하고 존경했던 것이지요. 이순신 장군의 『난중일기』를 보면 "내
가 오늘 떡 두 개, 돼지고기 세 점을 먹었다. 그러나 부하들은 숭늉 반 그
릇밖에 먹지 못했다. 차마 넘어가지 않았으나 몸이 허약하여 어쩔 수 없
이 먹었다"라고 쓰여 있어요. 부하들과 백성을 생각하는 마음이 얼마나
대단한지 헤아릴 수 있겠죠?

장군님을 위해서라면
목숨도 바칠 수 있어!

조선 수군이 강한
이유가 이것이었구나.

여기, 저희가 가진
모든 것입니다.
나라를 위해
써주십시오!

마음 같아서는 황소라도
바치고 싶지만, 가진 게
이것뿐이라 죄송합니다요…

!

군사들 먹일 식량,
무기를 만들 쇠붙이!

크흑!

백성들이 포기하지 않았는데,
내가 먼저 포기하려 했구나…
이 얼마나 부끄러운
모습이었단 말이냐!

백성을 지키는 것이 장수의 의무!
저들이 나에게 기댄다면,
내 반드시 백성을 지켜낼
방법을 찾을 것이다!

두려움을 용기로
바꿀 수만 있다면…!

이순신 장군님이
백성들에게 용기가 되었구나!

백성들이 장군님께
힘이 되었구나!

잘들 오셨소!
우리 수군은 반드시
승리할 것이외다!

봤지?
난 백성들이
이순신 장군님께
도움이 될 줄 알았어.

…

흥! 나중에 저들이
장군님 발목 잡지 않게
잘 관리해! 바보 온달!

네 걱정이나 해!
뺀질 공갈!

설쌤의 역사톡톡
| 한 사람이 천 사람을 막을 수 있는 곳, 울돌목(명량) |

역시
울돌목뿐이다…

지도에서 보듯 육지와 진도 사이에 폭이 가장 좁은 곳이 294m밖에 안 되는 해협이 있는데, 이곳이 바로 '물이 울며 돌아간다'는 울돌목, 즉 명량이에요. 울돌목은 밀물과 썰물 때 바닷물이 좁은 바다를 지나느라 속도가 아주 빠르고 파도가 거칠기로 유명한데, 이순신 장군은 이 좁은 곳으로 일본군을 유인해서 적은 수로 길목을 막고 많은 수의 적을 무찔렀습니다.

멀더라도 좀 돌아가고 말지,
왜 좁은 명량을 지나가느냐고요?
당시에는 항해술이 덜 발달해서 해안을 따라
이동하는 게 원칙이었기 때문에, 멀리 돌아간다는 것
자체가 목숨을 거는 위험한 일이었어요.

온달아! 이곳 어부들에게 울돌목의 물 흐름이 언제 바뀌는지 묻고, 또 확인한 후에 보고해라.

네, 장군님!

공갈아! 너는 12척의 배로 울돌목 어디에서 적을 막는 게 가장 효과적인지 찾아보고 보고해라.

네, 장군님!

왜놈들의 배가 어디에 있느냐?

정찰을 나간 병사들과 피란민들의 정보에 따르면, 해남에 모였던 왜선이 어란포로 이동하고 있다 하옵니다.

이순신의 수군 12척이 이곳, 명량에 있다는 것을 적에게 흘려라!

자, 장군! 어찌…?

그동안 해안을 살핀 결과, 적은 수의 군사로 많은 수의 적을 맞아 싸울 장소로 이곳, 울돌목만 한 곳이 없다.

우리 수군에게 배가 12척밖에 없다는 걸 알면, 왜놈들은 반드시 이곳으로 올 것이다.

오는 시간은 밀물이 흘러들어 저들이 바닷물의 흐름을 탈 수 있는 오전이 될 테고…

오!!

놈들은 우리를 몰아넣었다고 생각하겠지만, 싸울 장소, 싸울 시간, 모두 우리가 정한 것이다. 자신감을 가져도 좋다!

예! 장군!

역시 이순신 장군! 정보를 입체적으로 모은 후, 우리 군이 이길 수 있는 장소로 적을 끌어들이다니!

미천한 신은 아직 죽지 않았고,
신에게 아직 12척의 배가 있사오니,
적이 감히 우리를 업신여기지 못할 것이옵니다.

역시 이순신
장군님이셔!

따라 하지 마, 바보 온달!

네가 따라 한 거잖아!
뺀질 공갈!

흥!

장군! 왜선들이 어란포에 까마득하게 모인다고 합니다.

피란민들이 알려온 정보도 일치합니다, 장군!

밀물 때에 맞춰 공격하려고 할 테니, 내일 오전에 전투가 시작되겠군!

군사들을 집합시켜라!

네, 장군!

왜선이 수백 척?

그, 그렇다네… 정찰 나갔던 병사가 말하는데, 왜놈들 배가 너무 많아 바다가 보이지 않는다더군.

병법에 이르기를, 죽고자 하면 살고 살고자 하면 죽는다 하였다!

흠… 12척 대 수백 척!

칠천량에서 패할 때보다 상황이 더 안 좋은 것 아닌가?

장군님…

내일 전투가 벌어질 것이니 산으로 피해 있으라 했는데, 어인 일이시오?

저희도 장군님을 도와 싸우게 해주십시오!

!

마음은 고마우나 아니 될 말이오. 이미 그대들은 군량뿐 아니라 무기를 만들 쇠붙이까지 아주 큰 도움을 주었소.

왜군의 배가 수백 척이라 들었시옵니다.

저희 배가 비록 어선이지만, 열 사람이 모이면 수군 한 명의 몫이라도 할 수 있습니다.

장군님을 도울 수 있도록, 저희를 내치지 말아주십시오!

멋진
영웅들이시지?

흥!

쑥스러워하긴…

좋소!
그럼 나를 도울 방법을
알려주겠소.

감사합니다!

어선을 전선처럼 위장해,
판옥선 뒤에 쭉 늘어세워주시오.

그게…
무슨 도움이 됩니까요?

왜놈들은 우리 전선이
12척이라고 알고 있을 거요.

그런데 12척보다 많은 배를 보게 되면
자신들의 정보를 믿을 수 없게 되어
혼란에 빠질 것이고,
함부로 총공격을 할 수 없을 것이오.

아…!

그리하겠습니다요!

온달이 너는 백성들을 생각하는 마음이 크고, 공갈이 너는 전략이 뛰어나니, 너희가 마음을 합쳐서 저분들을 도와드려라.

단 한 사람의 백성도 다치지 않게 잘 지켜야 한다. 알겠느냐?

이것은 내가 무과시험에 합격했을 때 매었던 행운의 징표다.

내가 소중히 여기던 부적을 너희에게 주었으니, 너희는 이제 나와 함께 싸우는 병사다! 다치지 않게 조심해야 한다!

이건 말에서 떨어져 과거시험에 낙방했을 때, 부러진 내 다리를 고정해 묶은 끈이란다. 어떤 역경도 이겨낼 수 있는 근성을 갖게 해준 징표지.

출정하라!

내 너희의 두려움을
용기로 바꿀 것이다!

당황할 것 없다!
진군하라!

헛! 왜 장군님 배만
혼자서 가고 있지?

우리 수군에게
모범을 보이려고
먼저 돌진하시는 거지.

일단 물러나서
다른 배들과 함께
공격하는 게 낫지 않나?

우리 편이 겁을 먹고 있는
상황에서 장군님마저
물러서면, 두려움이 더 커져서
다 도망가게 될 거야.

설쌤의 역사톡톡 | 조선 수군 전술 vs. 일본 수군 전술 |

조선 수군의 전술은 우수한 화포 공격과
튼튼한 판옥선을 이용한 박치기 공격이다!

일본 수군의 전술은 조총을 쏘면서 적의
배에 빠르게 붙은 후 올라타서 백병전*
을 벌이는 것이지!

* 백병전 : 칼이나 창, 총 따위의 무기를 가지고 적과 직접 몸으로 맞붙어서 싸우는 전투.

그래서 멀리 떨어져 싸우면 조선 수군이 유리하고,
서로 가까이 붙어 배에 올라타게 되면 일본 수군이 유리해.

재빨리 포위해서
올라타라라!

화포를 낭비해서는 안 된다.
내 명령이 있을 때까지
침착하게 대기하라!

지금이다! 발포하라!

으악! 아아악!

콰 쾅 쾅 쾅

장군!
우리 편의 피해가 커지고 있습니다.
어찌할까요?

저 배에 포탄이 실려 있어 봤자
얼마나 되겠느냐?

더 맹렬히 공격하라.
우리 군의 피해가 커지는 만큼
이순신의 포탄도 사라질 것이다.
그때가 우리가 승리하는 순간일 것이다. 흐흐흐!

네, 장군!

장군!
적선이 너무
많습니다!

왜놈들의 배가
너무 붙어 있습니다!
곧 우리 배에
올라탈 듯합니다!

비록 적선이 많다 해도 감히 우리 배에 바로 덤벼들지는 못할 것이다. 조금도 동요 말고 온 힘을 다해 적을 쏴라!

장군님이 벌써 한 시간째 혼자 싸우고 계신데, 나머지 병사들은 뭐하는 거야, 도대체??!!

아무리 장군님이라도 이대로 가다가는 왜놈들이 올라타는 걸 막기 어려운데…

죽고자 하는 자는 살 것이요, 살고자 하는 자는 죽을 것이다!

장군께서 죽고자 싸우고 계신데… 우린, 우린 이 무슨 부끄러운 꼴이란 말이냐?

깃발을 올려라!

자, 장군께서 우리를 부르신다! 노를 저어라!

네!!

자, 장군… 대장선에 저, 저…

왜놈들이 장군님 배에…!!

으아아! 또 왜선이 붙었어! 이번에는 왜적들이 올라타는 걸 막기 어려워 보여!

으아악!

누, 누가 쏜 거야?

저기!

다른 배들이 장군님 쪽으로 가고 있어!

휴우… 드디어 장군님의 용기가 병사들에게 퍼졌구나.

왜적이 두려워 망망대해에서 장군 홀로 싸우시게 했구나…

노를 저어라! 장군과 함께하겠다!

돌격하라!

꽝 꽝!

으아악!

올라타라!

백병전을 준비한다!
칼을 뽑아라!

으아아아!

우리 병사들을 구하라!
발포하라!

쏴라!

158

159

이순신 장군은 약 100척의 어선을 판옥선 뒤쪽으로 늘어세워, 조선 수군의 배가 많은 것처럼 위장했어요.

12척이 두려움에 빠져 물러날 때, 이순신 장군이 탄 배 한 척이 약 한 시간 동안 왜선 수십 척과 싸우면서 우리 수군에게 용기를 전파했고, 후에 다른 판옥선들이 합류하면서 왜군을 물리쳤어요.

『난중일기』에는 31척의 왜선을 부수었다고 나와 있지만, 일본의 기록을 보면 선봉장이 전사했고, 뒤에 있던 총대장이 부상을 당했다고 해요. 이 정도라면 일본 수군이 전멸에 가까운 피해를 입었다는 걸 알 수 있죠.

물살이 빠르고 폭이 좁은 곳이라 일본의 전선이 한꺼번에 들어오지 못했는데, 이게 이순신 장군이 명량을 싸울 곳으로 정한 이유입니다.

명량 대첩 승리의 의의

『난중일기』의 기록을 보면, 명량 해전에서 조선 수군은 사망자 2명, 부상자 3명의 피해를 입었어요. 이게 대장선만의 피해인지, 조선군 전체의 피해인지 명확하지는 않지만, 조선군이 크게 승리했다는 사실은 분명합니다. 명량 해전의 결과 일본은 바닷길을 통해 단숨에 한양까지 치고 올라가겠다는 계획을 접어야만 했고, 이미 점령한 지역에서 물러나 언제든 일본으로 도망갈 수 있는 해안으로 후퇴했어요. 명량에서 승리한 덕분에 조선은 다시 바다를 장악할 수 있었고, 이를 바탕으로 임진왜란에서 승리할 수 있는 유리한 위치에 올랐습니다.

우리가 바다의 주인이다!

이순신 장군님께 많은 것을 배웠어!

이제 돌아가서 위기에 빠진 고구려를 구해야지!

그래!

어?

왜?

부, 분필이 없어…

꺼이잉

북주를 물리치러, 고구려로!

같이 가자!

아, 안 돼! 몽당분필로 연 역사의 문 안으로 두 명이나 들어가면 무슨 일이 생길지 몰라!

너 먼저 가!

어휴, 친구 말 좀 들어! 같이 왔으니까 당연히 같이 돌아가는 거야.

누가 부마가 될지 끝까지 가려야지!

좋아! 그럼 떨어지지 않게 장군님이 주신 끈으로 서로 묶고 들어가자!

위기를
기회로 만든
근성의 징표와!

두려움을
용기로 만든
행운의 징표를
엮어서!

고구려의 외적을
무찌르러 출발!

가자, 친구야!

뿌슉

이놈들!
네놈들이 누군지는 모르지만,
이렇게 그냥 보내줄 순 없다!!

으악!

꽈앗

출구가 저기인데,
움직이질 않아…

출구가…

무, 무슨 짓이야?
이 빼질 공갈!

몽당분필이어서 그런지
출구가 벌써 닫히고 있어.
지금처럼 날다가는
우리 둘 다 역사 터널을
통과할 수 없을 거야.

온달아!

이순신 장군님께 배운 비법, 폐하께 잘 말씀드려!!

공갈아, 제발…!

내 답은, 날씨와 지형에 관한 정보를 모아서 우리가 이길 수 있는 장소에서 이길 수 있는 시간에 싸우는 거야!

허, 헛소리 집어치워!

내, 내 손을 잡아!!

공주님을 잘 부탁한다… 행복하게 살아라, 친구…!

으윽!

으앗!

공갈아~

9권에서 만나요!

필사즉생 필생즉사, 성웅 이순신의 해전

필사즉생 필생즉사(必死則生 必生則死), 이 말은 "죽고자 하면 살 것이요, 살고자 하면 죽을 것이다"라는 의미입니다. 이순신 장군은 필사즉생 필생즉사의 각오로 전투를 지휘했고, 마침내 명량 해전에서 대승을 거두었어요. 명량 대첩 외에 이순신 장군이 승리로 이끈 전투는 어떤 것이 있을까요?

옥포 대첩 기념공원

성웅의 등장, 옥포 해전(1592년 5월)

옥포 해전은 성웅 이순신이 역사 무대에 등장한 기념비적인 전투예요. 당시 경상도 바다를 지키던 원균이 왜군에게 패한 뒤, 전라도 바다를 지키던 이순신 장군에게 도움을 요청했습니다. 요청을 받아들인 이순신 장군은 거제도 옥포 포구에 모여 있던 왜군의 배들을 확인하고는, 배가 포구에서 빠져나오지 못하게 막은 후 포격을 가했습니다. 이로 인해 왜군은 배를 절반 이상 잃었고, 조선군은 큰 피해 없이 승리를 거두었습니다.

거북선의 활약, 사천 해전(1592년 5월)

이순신 장군은 경상도 사천으로 이동하던 중, 사천 포구에 모여 있던 왜군의 배들을 발견했어요. 그렇지만 조선 수군은 썰물 때문에 포구 쪽으로 접근하기 어려웠지요. 그러자 이순신 장군은 후퇴하는 것처럼 위장해 왜군을 유인했어요. 왜군이 바다 한가운데까지 조선 수군을 쫓아 나온 겁니다. 활동이 편해진 조선 수군은 왜군과 맞붙기 시작했고, 때마침 썰물이 밀물로 바뀌면서 조선 수군이 더 유리해졌어요. 이때 처음으로 실전에 참가한 조선의 거북선이 선두에 서서 대활약을 했고, 왜군을 크게 무찔렀습니다.

승리를 이끈 학익진, 한산도 대첩(1592년 7월)

왜군은 식량과 무기를 조달하기 위해 어떻게든 조선의 바다를 지배해야만 했어요. 그렇지만 이순신 장군의 활약에 철저히 막혀 계획을 이룰 수가 없었죠. 다급해진 왜군은 배를 모아 총공격을 개시했어요. 그러자 이순신 장군은 좁고 암초가 많은 곳을 벗어나, 조선 수군이 활동하기 좋은 한산도에서 전투를 벌였습니다. 배가 많은 왜군은 의기양양하게 조선 수군을 향해 돌진했어요. 그러자 조선 수군은 학이 날개를 펼치듯, 양옆으로 넓게 움직여 왜군을 공격했습니다. 양옆에서 공격을 받은 왜군은 배를 대부분 잃었고, 조선은 한 척의 배도 잃지 않고 큰 승리를 거두었답니다.

온달이와 함께 **주문을 배워보자!**

23전 23승 불패의 성웅! 충무공 이순신!

우리나라에 이순신 장군을 모르는 사람은 없을 거야. 그런데 그거 알아? 이순신 장군이 군인을 선발하는 무과 시험에 단번에 합격하지는 못했다는 것 말이야. 시험 도중 말에서 떨어지면서 다리가 부러졌고, 부러진 다리를 버드나무 가지로 지탱하며 끝까지 시험을 치렀지만 실격되고 말았지. 수많은 승리를 거둔 이순신 장군도 늘 성공만 하는 사람은 아니었던 셈이야. 그렇지만 이순신 장군은 포기하지 않고 4년 뒤 다시 무과 시험에 응시해 합격했어. 포기하지 않는 도전정신이 불패의 성웅 이순신을 만들었다고 할 수 있지.

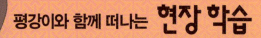

명량 해전 현장을 가다, 해남 우수영관광지!

해남 우수영관광지

승리의 기념, 우수영관광지

바다가 눈앞에 펼쳐지는 이곳은 명량 대첩을 기념하려고 만든 공원이야. 실제 명량 대첩이 일어났던 울돌목이 보이는 곳이지. 이순신 장군과 명량 대첩을 자세히 알려주는 기념관도 있어. 게다가 공원 곳곳에 관군의 전투 모습을 표현한 조각상이 있어서, 생동감 있게 명량 해전을 이해할 수 있어.

승리의 현장, 울돌목

명량은 다른 말로 '울돌목'이라고 해. 이곳은 물살이 거칠기로 유명한 곳이야. 육지와 섬이 가까이 붙어 있는 곳인데, 밀물과 썰물 때 조류가 여기를 빠르게 지나가면서 요란한 소리를 내지. 특히 오후 두세 시경에 가보면 소용돌이도 볼 수 있대! 이순신 장군은 이곳의 빠른 조류를 이용해 불가능해 보였던 승리를 이뤄낸 거야.

울돌목의 모습

* 우수영관광지 / 전라남도 해남군 문내면 관광레저로 12 / 061-530-5541

승리의 유산, 명량 대첩 해전사 기념관

기념관을 가면 명량 해전에서 맹활약한 판옥선과 이순신 장군의 필승 전략을 엿볼 수 있어. 그리고 4D 영상관도 있어서 명량 대첩의 현장을 오감으로 느낄 수 있지. 역사 공부도 하고 역사 현장도 볼 수 있는 우수영관광지. 정말 매력적이지?

명량 대첩 해전사 기념 전시관

그때 무슨 일이 있었을까?

출발

1545년
이순신 탄생

1572년
이순신, 훈련원 별과 낙방

1576년
이순신, 식년무과 병과 급제

1591년
이순신, 전라좌도 수군절도사가 됨
이순신의 관직 생활은 험난했어요. 상관들의 부당한 요구를 듣지 않아서 미움과 견제를 받고 있었습니다. 한편 일본의 움직임이 심상치 않음을 감지한 조선 조정은 이순신의 강직함과 근무 성적을 높게 평가해 전라좌도 수군절도사로 임명했어요.

1592년
임진왜란 발발

1593년
행주 대첩
평양까지 밀고 올라갔던 왜군은 조선군과 명나라군의 반격을 받고 한양으로 철수했어요. 그러고는 한양 근처의 행주산성을 공격했습니다. 그곳을 지키던 권율 장군은 백성들과 함께 왜군을 막아냈어요. 특히 성 안의 여자들은 방어에 필요한 돌을 치마로 날라 큰 도움을 주었답니다.

1594년
명나라와 일본의 강화교섭
조선군의 반격과 명나라의 파병으로 전쟁은 점차 교착 상태가 되었어요. 명나라와 일본은 전쟁을 멈추고, 외교적으로 대화를 시작했지요. 그렇지만 대화는 오래가지 못했어요. 임진왜란을 일으킨 도요토미 히데요시의 요구가 너무 컸기 때문이지요. 결국 도요토미 히데요시는 다시 조선을 침공했습니다.

1597년
정유재란 발발, 명량 대첩

만화를 읽고 나면 문제도 풀려요!

친구들,
여덟 번째 한국사 대모험 어땠나요?
만화로 재미있게 우리 역사를 알아봤으니
이제 가벼운 마음으로 문제를 풀어보아요.
역사를 잊지 않기 위해 우리가 노력한다면,
그만큼 우리 역사도 풍성해질 거예요!

문제를 풀어볼까요?

1 다음 설명을 읽고 빈칸에 들어갈 제천행사의 이름을 적어봅시다.

"○○은(는) 매년 10월에 열리는 고구려의 큰 축제야. 나라를 세운 주몽에게 제사를 지내고, 한 해 동안 농사와 사냥이 잘된 것에 대해 하늘에 감사를 표하는 국가적인 행사였지."

〔2-3〕 다음 대화를 읽고 알맞은 단어를 찾아 동그라미 쳐봅시다.

주몽은 **2** (활 / 말)을 잘 다루는 사람이라는 뜻이 담긴 이름이야. 주몽이 똑똑하고 능력이 뛰어나자 부여의 다른 왕자들이 시기했고, 주몽은 이를 피해 남쪽으로 내려와 고구려를 세웠지.

주몽을 부르는 또 다른 이름이 무엇이더라?

주몽은 고구려의 시조로서 **3** (태조왕 / 동명성왕)이라고 불렸어.

174

〔4-5〕 O, X 퀴즈를 풀어봅시다.

4 빗살무늬 토기는 바닥이 점차 좁아지고 몸체에는 무늬가
새겨진 것이 특징인 우리나라 신석기 시대의 대표적 유물이다.   O X

5 청동기 시대에는 금속을 다루는 기술이 크게 발달했기 때문에,
청동은 농기구나 장신구, 무기를 만드는 데 주로 사용되었다.   O X

〔6-10〕 **십자말풀이를 해봅시다.**

			㉢	㉡	
㉠					
㉣					
		㉤			

세로열쇠 (⁝)

6 ㉠ – 영조 때 붕당 정치의 폐단을 극복하고 정치 안정을 위해 시행한 정책.

7 ㉡ – 광개토대왕의 아들로, 도읍을 평양으로 옮기고 남진 정책을 추진한
고구려의 왕.

가로열쇠 (⋯▸)

8 ㉢ – 정조 때 설치되어 학술 연구 및 왕권 강화 역할을 했던 기관.

9 ㉣ – 평강공주의 아버지로, 중국 북주의 침입을 막아내고
국내외의 위기를 극복한 고구려의 왕.

10 ㉤ – 조선 시대 국가로부터 허가받지 못한 시장을 난전이라고 했는데,
이 난전을 규제할 수 있는 권리.

[11-13] 각각의 인물들이 하는 말을 읽고, 알맞은 이름을 적어봅시다.

나는 조선군의 도원수로, 임진왜란 시기 조선군 전체를 이끈 사람이다. 이순신 장군도 내 밑에서 백의종군을 하였지.	나는 이순신을 밀어내고 조선 수군을 총괄한 사람이다! 그러나 칠천량 해전에서 크게 패하였으니 고개를 들 수 없구나…	나는 두 번의 백의종군 끝에 다시 삼도수군통제사가 되었다. 하지만 조선 수군에는 12척의 배만 남은 상황. 과연 왜군에 맞서 이길 수 있을 것인가?

11 -------------------

12 -------------------

13 -------------------

[14-15] 온달과 공갈의 이야기를 읽고 알맞은 단어에 동그라미 쳐봅시다.

이순신 장군님께 들으니, 일본군은 **14** (동해 / 서해)를 돌아서 한양으로 갈 계획인 것 같던데… 과연 수십 배나 되는 적을 이길 수 있을까?

장군님이 보여주신 애민정신으로 모두가 똘똘 뭉친다면 적들을 막아낼 수 있을 거야. 장군님이 얼마나 병사와 백성을 아꼈는지는 그분이 직접 쓰신 일기인 **15** (『난중일기』/『전쟁일기』)에 아주 잘 나와 있지.

[16-17] O, X 퀴즈를 풀어봅시다.

16 임진왜란 때 일본은 조선에서 도자기 만드는 장인들을 일본으로   O X
끌고 갔는데, 이들을 통해 일본 도자기 문화가 크게 발달하게 되었다.

17 일본은 우수한 화포 공격과 판옥선을 이용한 박치기 공격으로
조선 수군을 물리치고 바다를 점령할 수 있었다.   O X

[18-20] 임진왜란에 참가한 동아시아의 나라들과 각각의 입장을 올바르게 연결해봅시다.

18 "일본이 점령했던 평양을 빼앗았으니 이제 한
양도 되찾으러 가자! 행주산성에서도 이겼다!
남쪽으로 돌격!"   ●   ● 조선의 구원 요청으로
전쟁에 참가한 명나라

19 "100년이 넘는 분열의 시기를 끝내고 드디어
나라를 통일했다. 이젠 바다 건너 다른 나라를
점령하러 가볼까?"   ●   ● 전열을 가다듬고
반격을 시작한 조선

20 "도움을 요청하니 지원군을 보내긴 했는데, 전쟁
이 길어지니 부담스럽군. 적군과 휴전 협상을 하
고 빨리 본국으로 돌아가야겠다."   ●   ● 대륙 침략을
계획한 일본

정답 및 해설

어때요?
문제 푸는 데 어려움은 없었나요?
이제 엄마, 아빠와 같이
정답과 해설을 읽어보세요.
모두 화이팅!

정답 및 해설

해설

1 고구려 등의 고대 국가에서는 하늘에 제사를 지내는 제천행사를 크게 열었습니다. 고구려의 제천행사는 '동맹'이라고 합니다. 매년 10월에 열리는 일종의 추수감사제 같은 축제였습니다. 왕과 신하들이 한데 모여 한 해 농사와 사냥의 성공에 대해 하늘에 감사드리고, 나라의 시조인 주몽과 그의 어머니 유화부인에게 제사를 지내기도 했습니다. 뿐만 아니라 백성들도 함께 어우러져 노래와 춤, 그리고 놀이를 즐길 수 있는 장이었습니다.

2 부여 말로 주몽은 활을 잘 쏘는 사람이라는 뜻입니다. 주몽은 하늘의 신 해모수와 물의 신인 하백의 딸 유화 사이에서 태어났고, 부여 금와왕 아래에서 성장했습니다. 뛰어난 활 실력과 능력은 주몽이 새로운 곳으로 떠나 고구려를 세우는 계기가 되었습니다.

3 보통 나라를 건국한 시조를 '태조'라고 하지만, 고구려를 세운 주몽은 '동명성왕'이라고 합니다. 다만 고구려에도 태조왕이 있었는데, 고구려 6대 왕인 태조왕은 주변 나라들을 정복하고 중앙 집권 체제를 정비하여 나라의 기틀을 다졌습니다.

4 빗살무늬 토기는 우리나라 신석기 시대의 대표적 유물 중 하나입니다. 입구는 넓고 바닥으로 갈수록 뾰족하거나 둥근 형태로 좁아지는 형태의 그릇입니다. 그리고 몸체에는 빗살무늬가 새겨져 있는 것이 특징입니다. 주로 먹거리를 담는 용기로 사용되었으며, 서울, 황해도, 평양, 경남 김해까지 한반도 전역에서 발견되고 있습니다.

5 청동기 시대에는 금속을 다루는 기술이 개발되면서 이전에 없던 새로운 도구들이 등장하기 시작했습니다. 하지만 청동을 만드는 방법이 매우 어려웠기 때문에 주로 지배층이 사용하는 청동 거울 같은 장신구나 청동검 등의 무기류에만 사용되었습니다. 그래서 농사를 짓는 데는 여전히 괭이, 반달돌칼 등 나무 혹은 돌로 만든 도구를 주로 사용했습니다.

6 조선 후기 붕당 사이의 다툼은 심해져 갔습니다. 상대에 대한 과도한 공격으로 많은 신하들이 귀양을 가거나 목숨을 잃는 일까지 벌어졌습니다. 그래서 영조는 붕당 정치로 나라가 흔들리는 것을 방지하고 왕권을 강화하기 위해 탕평책을 실시했습니다. 온건하고 타협할 줄 아는 신하들을 모아 탕평파를 만들고, 서로 협력하는 정치를 추구했던 정책입니다.

7 장수왕은 아버지인 광개토대왕이 열어준 황금기를 이어받아 고구려를 동북아의 최강국으로 발전시킨 왕입니다. 한반도 남쪽으로 세력을 확장하려던 장수왕은 고구려의 도읍을 압록강 부근의 국내성에서 남쪽의 평양으로 옮겼습니다. 그리고 백제, 신라를 압박하여 남쪽으로 영토를 크게 넓히는 성과를 거두었습니다.

8 규장각은 왕권을 강화하고 정조의 정책을 뒷받침하는 기관으로서 설립되었습니다. 정조는 탕평책을 강화하는 동시에 왕의 권위도 드높이고자 했습니다. 그래서 학문적으로도 신하들보다 뛰어나고, 나라를 운영하는 정책도 잘 만들기 위해 이를 연구하는 규장각을 설치했습니다.

9 평원왕은 고구려의 25대 왕으로 평강공주의 아버지입니다. 평원왕은 권력 다툼으로 인한 내분을 수습하고 중국 북주의 침입을 막아낸 훌륭한 왕으로서 고구려를 잘 다스렸습니다.

10 금난전권은 '난전'이라는 무허가 시장을 규제할 수 있는 권리입니다. 조선 시대에는 나라에서 허가받은 상인들만이 시장을 열 수 있었습니다. 그런데 조선 후기에는 상업 발전으로 새로운 시장이 많이 생겨났고, 기존 상인들은 무허가 시장인 난전을 반대했습니다. 그래서 이를 규제할 수 있는 금난전권이 생겨나게 되었습니다.

11 권율은 임진왜란 시기 조선군의 총사령관인 도원수로서 큰 활약을 했습니다. 대표 업적으로는 행주산성에서 3천의 군사로 3만의 일본군을 막은 행주 대첩이 있습니다.

12 원균은 이순신을 대신해 조선 수군을 총괄하는 삼도수군통제사 자리에 올랐습니다. 그러나 칠천량 해전에서 크게 패함으로써 조선은 큰 위기를 겪게 되었습니다.

13 이순신은 왕의 말을 듣지 않았다는 이유로 여러 차례 벼슬에서 쫓겨났습니다. 하지만 원균이 칠천량 해전에서 패해 조선 수군의 전력을 잃자, 선조는 다시 이순신을 삼도수군통제사에 임명해 왜군과 맞서 싸우도록 하였습니다.

14 일본군은 조선 수군을 격파하고 전라도를 거쳐 식량을 얻으며 서해를 통해 한양까지 올라갈 계획을 세웠습니다. 그러나 이순신의 등장과 명량 해전에서의 큰 패배로 일본군의 계획은 좌절될 수밖에 없었습니다.

15 이순신은 자신의 일기장인 『난중일기』에 병사, 백성들과의 소통 및 자신의 심경 등을 빼곡하게 적어 나갔습니다. 이 『난중일기』는 임진왜란 당시의 상황을 가장 잘 보여주는 자료로서, 유네스코 세계기록유산에 등재되었습니다.

16 일본은 도자기 기술이 발달하지 못해 임진왜란 이전부터 조선의 도자기를 귀하게 여기고 있었습니다. 때문에 일본인들은 전쟁 중에 조선의 도자기 장인들을 마구잡이로 끌고 갔고, 이후 일본의 도자기 문화 발전의 바탕이 되었습니다.

17 임진왜란 당시 우수한 화포 공격과 판옥선을 이용한 박치기 공격을 활용한 쪽은 조선 수군입니다. 반면 오랜 기간 분열과 전쟁을 겪었으며, 신식무기 조총을 가졌던 일본은 빠르게 상대편의 배에 올라타 직접 싸우는 백병전을 선호했습니다.

18 임진왜란이 발생하기 전까지 조선은 약 200년 동안 매우 평화로운 시기를 보내고 있었습니다. 그래서 전쟁에 대한 준비가 부족했고, 임진왜란 초반에 대응을 제대로 하지 못했습니다. 하지만 군대의 전열을 가다듬고, 의병과 명나라의 도움으로 반격을 시도했습니다. 그러면서 일본에 빼앗겼던 평양성, 한양 등을 되찾으며 일본을 남쪽으로 몰아내는 데 성공했습니다.

19 일본은 도요토미 히데요시에 의해 통일되기까지 약 100년간 분열을 겪었습니다. 이후 일본은 명나라를 점령하겠다며 조선에 길을 빌려달라 요청했고, 조선이 이를 거절하자 1592년 임진왜란을 일으켰습니다.

20 조선의 구원 요청을 받은 명나라는 곧이어 지원군을 파견합니다. 그러나 조선에서의 전쟁이 길어질수록 명나라의 부담은 늘어만 갔습니다. 그래서 명나라는 일본과 휴전협상을 하며 빨리 전쟁을 끝내고자 했습니다.

독자 여러분의 뜨거운 관심에 보답하고자, 앞으로 펼쳐질 '한국사 대모험'의 이야기는 어린이 여러분의 의견을 받아 완성해 갈 예정입니다. 어린이들의 소중한 의견이 한 권의 책을 만들어가는 중요한 실마리가 될 수도 있답니다. 어린이 작가님들의 많은 참여 부탁드립니다!

8권의 어린이 작가
부산시 수영구에 사는 이지수 어린이

받는 사람: 설민석 보내는 사람 이지수
선생님

설민석선생님께
설민석선생님 안녕하세요? 저는 수영에 사는 9살 소녀
이지수라 고합니다 선생님이 지은 책을 보고 선생님을 알
게 되었어요. 그리고 제 꿈은 선생님과 함께
역사탐방을 하는 거예요. 아, 그리고 선생님제
자가 되고 싶어요. 선생님이 가르쳐 주시면
다른 선생님이 가르쳐 주시는 것 보다 더 귀에
쏙쏙 들어올 것 같아요. 또, 선생님 TV에나
온 것 좀 하고 려요? 선생님 그런데 5권의 내
용이 궁금해 졌어요. 온달과 평강은 결혼하나요?
아니면 헤어 지나요? 누군 기대 할 게요.
그리고 저도 선생 님처럼 훌륭한 사람이 되고
싶어요. 앗! 이제 편지를 마쳐야겠어요. 안녕히
계세요.
2017년 10우 7일 이지수

받는 사람: 설민석 선생
님
보내는사람 : 이지수

지수

지수 동생
유진

안녕하세요, 지수 어린이! 설민석 선생님이에요.

이렇게 정성이 담긴 편지를 보내주어 정말 감동했어요.
비록 멀리 떨어져 있지만, '한국사 대모험'을 함께하는
모든 어린이들은 선생님의 제자라고 생각하고 있어요.
"온달과 평강은 결혼하나요? 아니면 헤어지나요?"
라는 지수 어린이의 질문을 보고
선생님은 이런 생각을 하게 되었어요.
'정말 온달이와 평강이가 헤어진다면 어떻게 될까?'
지수 어린이의 질문 덕분에 '한국사 대모험' 8권이
탄생할 수 있었어요.
저는 지수 어린이뿐 아니라 '한국사 대모험'에
관심 가져주는 많은 어린이들의 작은 의견이 이야기를
더욱 재미있게 만들어갈 수 있다고 믿고 있어요.
선생님과 함께 새로운 이야기를 써나갈 어린이 작가로서,
언제든 선생님에게 자기 생각을 적어 보내주세요.
편지를 보내준 지수 어린이, 진심으로 고마워요!
조만간 선생님과 꼭 만날 수 있었으면 좋겠네요.

『설민석의 한국사 대모험』의 어린이 작가를 모십니다!
아래의 웹사이트에 앞으로 펼쳐졌으면 하는 이야기를 남겨주세요.
보내주신 이야기 중 몇 건을 설민석 선생님이 직접 선발하여 다음 권에 반영할 예정입니다.
https://post.naver.com/dankkum-dream

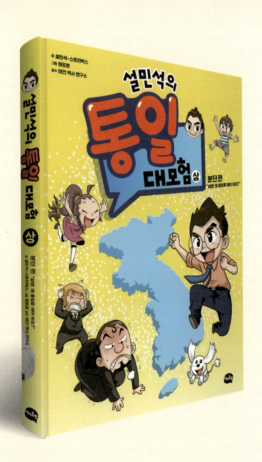